A ECONOMIA À LUZ DA BÍBLIA

RODOLFO HAAN

A ECONOMIA À LUZ DA BÍBLIA

Reflexões bíblicas sobre dinheiro e propriedade

DIRETOR EDITORIAL:
Marcelo C. Araújo

REVISÃO:
Lessandra Muniz de Carvalho

COORDENAÇÃO EDITORIAL:
Ana Lúcia de Castro Leite

DIAGRAMAÇÃO:
Juliano de Sousa Cervelin

TRADUÇÃO:
Clóvis Bovo

CAPA:
Fernanda Barros Palma da Rosa

COPIDESQUE:
Paola Goussain S. Macahiba

Título original: *La economía del honor. Reflexiones bíblicas sobre dinero y propriedad*
© Rodolfo Hann; Fundación Solidaridad; Fundación Oikos
ISBN 978-9972-223-18-1

Dados Internacionais de Catalogação na Publicação (CIP)
(Câmara Brasileira do Livro, SP, Brasil)

Haan, Rodolfo
  A economia à luz da Bíbilia: reflexões bíblicas sobre dinheiro e propriedade / Rodolfo Haan. – Aparecida, SP: Editora Santuário, 2012.

  Título original: La economía del honor
  Bibliografia.
  ISBN 978-85-369-0259-3

  1. Bíblia 2. Finanças – Aspectos religiosos – Cristianismo 3. Finanças – Ensino bíblico I. Título.

11-11815   CDD-220.8332

Índices para catálogo sistemático:
1. Finanças: Ensino bíblico 220.8332
2. Sabedoria financeira: Ensino bíblico 220.8332

Todos os direitos em língua portuguesa
reservados à **EDITORA SANTUÁRIO** — 2012

Composição, CTcP, impressão e acabamento:
EDITORA SANTUÁRIO – Rua Padre Claro Monteiro, 342
12570-000 – Aparecida-SP – Fone: (12) 3104-2000

Honra teu pai e tua mãe,
para que vivas longos anos na terra
que o Senhor teu Deus te dará. – Êx 20,12

Há gente que amaldiçoa o próprio pai
e não bendiz a própria
mãe.
Há gente que se considera pura,
mas nunca se lava das próprias imundícies.
Há gente cujos olhos são altivos
e que mantém empinadas suas pálpebras.
Há gente cujos dentes são espadas
e seus queixos são punhais,
para eliminarem da terra os indigentes,
e os pobres do meio do povo. – Pr 30,11-14

Levanta-te diante dos cabelos brancos;
honra a pessoa do velho, e teme a teu Deus.
Eu sou o Senhor.

Se um estrangeiro vier habitar convosco
na vossa terra, não o oprimireis,

mas esteja ele entre vós como um compatriota,
e tu o amarás como a ti mesmo,
porque fostes já estrangeiros no Egito.
Eu sou o Senhor, vosso Deus.

Não cometereis injustiça nos julgamentos,
nem na vara, nem no peso, nem na medida.

Tereis balanças justas, pesos justos, um efá justo e um him justo.
Eu sou o Senhor, vosso Deus que vos tirei do Egito. – Lv 19,32-36

SUMÁRIO

Prólogo...11
Nico Roozen

Introdução 13

PARTE I
O RISCO DO OUTRO

O Senhor me livre de fazer tal coisa 17
1. A consciência dos custos

PARTE II
DESENVOLVIMENTO ECONÔMICO

A expansão do teu comércio 27
2. História econômica

Acaso sou eu o guarda de meu irmão?...................35
3. A questão econômica

A cidade de Caim 43
4. Um sistema militar-econômico de segurança

Nada lhes será impossível......51
5. O progresso da técnica

O cisma do Reino......59
6. Militarização e opressão

Cidade condenada......65
7. Desenvolvimento e libertação

PARTE III
SINAIS

Os dois maiores mandamentos......73
8. Honestidade na economia

Observem os lírios do campo......83
9. Produtividade e justiça

Abundância depois da partilha......91
10. A comunidade missionária

Ninguém pode servir a dois senhores......99
11. Riqueza é amizade

A terra é minha......109
12. Política demográfica e alimentar

O maná escondido......115
13. Fé e igualdade

Minha vinha está diante de mim 123
14. Superado o poder do dinheiro

PARTE IV
JUSTIÇA E ESPERANÇA

Eu já sei 137
15. Globalização

Parece-lhes pouco? 147
16. Exclusão

A quem tem, dar-se-á 157
17. "O efeito Mateus"

Servos inúteis 165
18. A parábola dos talentos

Reedificarão, de ti, tuas antigas ruínas 177
19. A justiça eleva as nações

Sem acepção de pessoas 187
20. Sociedade e comunidade

Antes de ser humilhado, eu me desorientava 199
21. A globalização a partir de baixo

Epílogo 217

Bibliografia 219

Índice de textos bíblicos 225

Solidariedade 239

PRÓLOGO

Minha função de diretor da organização de desenvolvimento econômico "Solidariedade" me permite colaborar estreitamente com Rodolfo (Roelf) Haan. Rodolfo ocupa a presidência da Solidariedade. Quatro vezes ao ano preside as reuniões da Direção-geral, assim como as oito reuniões anuais da Junta executiva. É conselheiro em diversas áreas e está muito envolvido com assuntos cotidianos. Chama nossa atenção sobre novas oportunidades, assessora, critica e está comprometido. Frequentemente faz com sua esposa, Maria, o papel de anfitrião para os amigos latino-americanos que visitam a Holanda no âmbito das campanhas da Solidariedade. E o faz com grande cordialidade. Não se pode realizar uma política sem manter contato direto com as pessoas: as pessoas protagonistas.

Rodolfo contribui com um elemento especial para nossa organização: combina o senso prático – a marcha normal das coisas – com a capacidade para refletir e aprofundar. Cria, a um só tempo, proximidade e distância. Muitas atividades realizadas pela Solidariedade têm um caráter fragmentário: só buscam mudanças básicas, necessárias para que "o pobre possa levantar-se e assumir o que lhe corresponde por direito". A tensão constante entre o viável e o necessário aviva a intuição e estimula para adotar uma política inovadora. Por um lado, nos protege contra um radicalismo pouco construtivo e, por outro lado, impede que nossa postura vá se adaptando à ideologia comum, que é "a ideologia dos dominadores".

Seu interesse na prática cotidiana de mudança social faz com que Rodolfo desfrute de sua presidência. Apraz-lhe empenhar-se no desenvolvimento de novas estruturas sociais, buscar alternativas para as muitas iniquidades econômicas e políticas, lutar contra o desmoronamento do estado de direito. Interessa-lhe vivamente um programa como a "impunity watch" (alerta contra a impunidade), que denuncia a impunidade nos sistemas jurídicos deficientes. Estimula ativamente também o papel inovador que a Solidariedade desempenha no movimento do Comércio Justo. Numa palavra, é um companheiro de grande valor.

A mensagem que esta belíssima obra sobre "a honestidade na economia" parece encerrar é que, sem aprofundamento e reflexão crítica, corremos o risco de nos perder. Este estudo é bem dele. Rodolfo nos oferece uma acertada combinação de sérios estudos bíblicos e profunda análise social. Onde encontrar algo parecido em nossa época? A tradução exata de passagens bíblicas constitui a base de novas perspectivas. Por exemplo: a tradução tradicional "quem amaldiçoa seu pai ou sua mãe, morrerá" (Êx 21,17) encobre a dimensão econômica. Por isso é mais válido traduzir "amaldiçoa" por "abandona na miséria". São muitas as surpresas deste tipo que encontramos no presente livro.

A análise social é igualmente profunda. Como economista, Rodolfo nutriu-se com os escritos de Marx e Smith, de Kuyper e Dooyeweerd, de Girard e Illich e, sobretudo, de Ellul. Por isso, sendo seu pensamento inovador a cada instante, é impossível classificar Rodolfo. Causam-lhe fastio as críticas sem substância do "neoliberalismo" dominante. Justamente por ser tão condenável esta ideologia, caracterizada por sua rígida tendência para o mercado mundial – por sua carência total de perspectiva para os pobres, que vivem mal na periferia e no centro do mercado mundial –, se requer uma crítica mais rigorosa. Não bastam os *slogans* superficiais. As alternativas só serão viáveis se realmente penetrarmos no sistema – mantendo-o lá onde existem possibilidades de vida e corrigindo-o lá onde prolifera a injustiça.

Ao leitor desejo uma leitura agradável; ao autor, meu profundo agradecimento.

Nico Roozen

INTRODUÇÃO

Neste livro são analisados os relatos e posições da Bíblia no contexto de nossa existência moderna. As fórmulas convencionais da problemática econômica estão colocadas ao lado de expressões bíblicas sobre questões como segurança e técnica, comércio e desenvolvimento, produtividade e distribuição, riqueza e pobreza. Entretanto o enfoque destas observações não é "a economia dos tempos da Bíblia". A mensagem bíblica supera a atualidade, tanto a daquele tempo como a de agora. Também nestes tempos ela nos põe a escolher e a determinar nossa postura na vida. Desta maneira se aclara o significado espiritual do processo econômico, enquanto nos permite aprofundar nossa compreensão da sociedade moderna e o lugar que a fé cristã tem nela.

O livro se divide em quatro partes:

– A primeira parte é uma introdução à "consciência dos custos".

– A segunda parte trata da origem e da natureza das injustiças econômicas no mundo em que vivemos. Entretanto a Bíblia não se limita a desmascarar o desenvolvimento falso e a opressão. É praticamente inevitável que, restringindo-se a tal análise, esta nos levaria ao fanatismo, ao cinismo, à paralisação ou passividade.

– A terceira parte, que começa com a honestidade na economia, versa sobre palavras de orientação que a Bíblia nos oferece. Contém também dois capítulos sobre as parábolas de Jesus, particularmente a dos "talentos" e a das "minas" por se confundirem tão amiúde com a "gíria monetária", hoje predominante, que até se desfazem no ar, despojadas por completo de qualquer sentido ou significado.

As reflexões seguintes surgiram do diálogo constante com a teoria econômica moderna, submetida à discussão de maneira radical pela visão bíblica da realidade. Para esse diálogo foram de grande utilidade as obras do sociólogo e teólogo francês Jacques Ellul. Em parte, este livro nasceu a partir de sermões. Emanuel Lévinas diz: "O sermão não só representa um gênero literário, mas também uma forma essencial do pensamento humano".

É desejo do autor que estes capítulos sirvam de proveito, não só para uso pessoal, mas também para uso em grupos. Deseja-se que estas meditações figurem como "ferramentas de trabalho"; cada capítulo ou parte deste pode ser lido separadamente. Para facilitar o uso, no final da obra foram anexadas diversas citações da Bíblia, assim como um registro de textos. As citações provém principalmente da Bíblia de Jerusalém (adaptando-se as formas gramaticais ao uso habitual da América Latina).

Rubem Alves comentou uma vez: "A proposta de que devemos lutar pela justiça e pelos alimentos porque a teologia assim o deduz dos textos sagrados, é para mim uma obscenidade. Quem luta pelos pobres só porque Deus assim manda, não quer bem aos pobres". Estou totalmente de acordo. A justiça não se realiza "através de um passaporte cristão". A Bíblia não é um livro que faz reflexões morais sobre um suposto "dever". Acrescentei no livro, como epílogo, um testemunho isento de suspeita. Espero que estas páginas sejam um estímulo para todos que lutam por uma economia justa, por estruturas sociais mais equitativas e pelo respeito aos direitos humanos, não importa se se trata de peritos em Bíblia ou de pessoas não familiarizadas com este documento histórico, cuja atualidade não deixa de surpreender.

Rodolfo Haan

Parte I

O RISCO DO OUTRO

1 | O Senhor me livre de fazer tal coisa
A consciência dos custos

Três dos trinta desceram no início da colheita e foram ter com Davi, na gruta de Adul-lam, estando a tropa dos filisteus acampada no vale dos Refaím. Davi estava então na fortaleza, e havia uma guarnição de filisteus em Belém. Davi manifestou este desejo: "Quem me dará a beber das águas do poço que está junto à porta de Belém? Então os três valentes penetraram no acampamento dos filisteus e tiraram água do poço que está junto à porta de Belém. Trouxeram-na a Davi, mas ele não a quis beber, e derramou-a em libação ao Senhor dizendo: "Longe de mim, ó Senhor, fazer isso! É o sangue desses homens que para buscá-la arriscaram a sua vida!" E não quis beber. Tais coisas fizeram os três heróis. – 2Sm 23,13-17

Q uando, nos fins dos anos quarenta, se pediu ao tesoureiro-geral do Ministério holandês da Fazenda, Dr. J. Ridder, que expusesse num artigo sucinto a essência da problemática econômica a partir de uma perspectiva cristã, ele escolheu esta passagem do Antigo Testamento como ponto de partida para sua exposição (publicada postumamente). De fato, mal se pode imaginar uma forma que seja mais acertada para explicar o núcleo da questão econômica – e em que a percepção bíblica se diferencia de outras possíveis. Esta história sobre a sede de Davi parece uma curiosa anedota intercalada no relato das operações bélicas no tempo da monarquia davídica. Um relato interessante e diferente, acrescentado como contraponto à crônica um tanto monótona das ações valorosas de alguns personagens militares nacionais. "Tais coisas fizeram os três heróis", são as palavras com as quais encerra essa parte. Entretanto o insólito não reside tanto na proeza desses guerreiros, mas na reação inesperada de Davi, que o autor destas linhas nos deseja transmitir.

A economia moderna quer convencer-nos que o procedimento econômico baseia-se na racionalidade, no senso comum. De fato, na economia, se trata exclusivamente da maior eficiência, dos custos mais competitivos. Dá-se tacitamente por assentado que o raciocínio e o critério econômico só podem apontar para uma direção: a direção de nossa *própria* ordem econômica, tal como foi sendo plasmada nos tempos modernos. Que as outras culturas tenham tido uma raciocínio *diferente* ou que um cristão possa ver com olhos críticos a ortodoxia econômica existente, isso deve ser considerado como situações ou pontos de vista cujo caráter antiquado foi demonstrado pela "ciência": descarta-se de antemão qualquer outro raciocínio que não seja o dominante.

Conforme nossos manuais de economia, tudo gira em torno do comportamento econômico do *consumidor*. Dele depende o que se produz no mercado: só pode haver venda (e, portanto, produção e investimento) quando houver um consumidor que atua como comprador. O consumidor é "soberano". Portanto sua atuação será racional, *mais* que qualquer outro agente dentro de nosso sistema econômico. E um consumidor racional é consciente do valor das coisas. Repetimos: a doutrinação econômica e a propaganda comercial nos sugerem que só existe um modo para ser "consciente do valor das coisas", a saber, o interesse próprio.

Outras maneiras são atrasadas, pouco científicas ou superadas. Um economista conta o fato de um monge medieval que, sendo filho de sua época, conforme seu parecer, tinha uma consciência não econômica do valor das coisas. Havia saído em peregrinação a Roma e comprou no caminho um cálice de prata, que queria colocar na catedral da cidade onde residia. No caminho de regresso para a Alemanha, mostrou sua aquisição a alguns negociantes que faziam parte da mesma caravana, mencionando também o preço que havia pago. Os comerciantes congratularam-se com ele pela compra, dizendo que teve muita sorte, pois havia pago muito menos que o valor real. Felicitaram-no, porque um monge sem experiência foi mais "ladino" que eles mesmos, que, sendo comerciantes, em lugar nenhum haviam feito um negócio tão bom. Estas palavras deixaram o monge perplexo. Despediu-se imediatamente da caravana, disposto a refazer o longo caminho para Roma, a fim de pagar ainda a diferença ao vendedor.

Ser consciente do valor das coisas significava: pagar um preço equitativo, isto é, o preço *justo*. O livro que continha esta anedota, fazia-o para mostrar a influência *irracional* que a religião pode exercer no procedimento econômico, se estes dois chegam a ser "mesclados". Portanto, na época moderna, a teoria da economia se fez completa: agora é ela que determina sua própria racionalidade.

Não obstante, o pensamento bíblico entra em conflito com qualquer pretensão de "autonomia" humana. Existe um Deus que contempla o mundo. Sem tomar em conta esse Deus, o procedimento econômico de Davi seria efetivamente irracional sob todos os seus aspectos. Se não cremos, como Davi, num Deus "transcendente" – um Deus que está "por cima" do mundo e que entra em relação conosco, seres humanos –, o comportamento de Davi, de derramar a água, seria tão somente um capricho extravagante.

Por que, o que acontece? Vemos Davi agindo aqui como um consumidor. Manifesta-se nele o que costumamos chamar de uma "necessidade econômica". Simplesmente sente sede e então dá-se conta de que está perto do "poço-fonte" de Belém, sua cidade natal. Possivelmente não havia outra água ali por perto ou, quiçá, queria precisamente essa água por ter um valor sentimental. Não importa: em ambos os casos a teoria da economia fala de uma "necessidade econômica". Nasceu um desejo em Davi. E para satisfazê-lo não podia, como nós, passar pela barraca de comestíveis ou pelo bar da esquina. Ele ocupava uma posição militar. A maneira mais óbvia para Davi matar sua sede seria, na qualidade de comandante, mandar alguns oficias – sempre prontos para causar boa impressão – trazerem água do território inimigo. Na verdade, não *manda* ninguém. Pelo visto, os três oficiais cumprem espontaneamente o desejo de Davi, de beber essa água cobiçada. Fosse como fosse, não cabia dúvida sobre o propósito de Davi: sabia que não fariam ouvidos surdos. Era o mais alto em graduação; seguro que os três homens dariam muito (tudo) por seu estimado comandante, coisa que Davi não deve ter ignorado ao exprimir seu "desejo". Por mais que a oferta dos heróis tivesse um caráter voluntário (como os "livres" operários de nossa economia do mercado), ele continua sendo responsável por sua saída. É provável que Davi estivesse consciente do preço quando teve o primeiro impulso. Tudo por tudo, para ele, o assunto implicava alguns custos apenas. Talvez os homens estivessem obrigados a adiar outra missão, constituindo isso os "custos" de investimento nesse processo de produção (que os economistas denominam "custos de oportunidade"). Certamente Davi tinha de levar em conta um risco: a ação seria perigosa. De todas as formas, *partindo da "necessidade" que devia ser cumprida* e tomando em conta os meios à disposição, o investimento no esforço dos três produtores que facilitariam a água era racional sob todos os aspectos.

Davi procedeu consciente do *preço* e de seu próprio *poder*! Daí vem a grande surpresa que o leitor tem ao prosseguir na leitura. A empresa é um êxito total, os heróis rompem as fileiras inimigas, pegam a água, levando perante Davi o resultado de sua perigosa incursão. Logo, porém, a lógica toda se desfaz. Para cúmulo, ela os põe no ridículo. Todo o esforço foi em vão. A façanha foi desdenhada. Pode-se conceber atitude mais ingrata?

"Mas Davi não a quis beber." Como se explica isso? De repente Davi adquire consciência de algo em que não havia pensado antes. Esta é a parte ilógica do relato, a parte libertadoramente ilógica. Se bem que tenha dado o primeiro passo, assustam-no as consequências do segundo passo, de modo que renuncia, revogando também o primeiro passo. Davi cai em si e se dá conta de que o produto que havia pedido era extremamente caro, uma vez que o processo de produção podia ter causado a morte dos produtores. Só havia reparado no preço que correspondia a ele, ignorando por completo o preço que os outros teriam de pagar. Havia previsto seu próprio risco, mas não o do produtor, isto é, do "operário", o gerador do produto.

Neste momento de arrependimento, o único recurso que resta a Davi é dirigir-se ao Senhor. No final das contas, foi a relação com Deus que ele havia posto em perigo. Não basta escusar--se perante os homens cujas vidas ele arriscou para satisfazer uma necessidade pessoal. Tal desculpa não era, por outra parte, absolutamente obrigatória, em vista da relação hierárquica entre ele e seus subalternos. Cabe supor que sua atitude foi muito frustrante para os executores da honrosa missão: não obstante seu êxito, por fim todo o esforço resulta inútil, já que seu comandante deita a água no chão, esta água que custou tantos sacrifícios.

"Livre-me o Senhor de fazer tal coisa! Trata-se nada menos que do sangue dos homens que haviam arriscado suas vidas por ele. – E não quis bebê-la." Davi termina dando-se conta de que seu procedimento foi completamente irresponsável perante o Senhor. Portanto, que se retire da cadeia de produção e consumo, renunciando também à posição de dominação social em que foi apanhado. Caso contrário teria bebido o sangue de seus homens. Não é muito exagerado e "emotivo" tudo aquilo? Tanto mais quanto não havia corrrido sangue. Acaso não saiu tudo bem, "graças a Deus"? Davi sabe que semelhante ação de graças não agrada a Deus. Derrama a água no chão para o Senhor, em sinal de contrição, e emenda[1] agradecendo por terem sido salvos, não somente o produtor, mas também o consumidor. O consumidor, sabendo que os custos seriam inaceitáveis aos olhos de Deus, está disposto a renunciar ao consumo. O arrependimento é sempre ineficiente. É melhor pensar duas vezes antes de agir. Mas o que fazer se, apesar de tudo, já o tens feito? Então felizmente te resta o caminho da ineficiência libertadora. Deve-se fazer as coisas de modo diferente, e Davi o demonstra claramente!

---

[1] Ressalta-se a semelhança com Deuteronômio 12,15-16: "Poderás, todavia, sempre que desejares, sacrificar e comer a carne, como bênção que o Senhor, teu Deus, te deu, em todas as tuas cidades (...). Só não tomarás o sangue; derramá-lo-ás como água na terra". *Aqui se mostra o respeito pela vida* (cf. também os versículos 23-25).

O que está em jogo é a racionalidade bíblica no cálculo dos custos. O preço de um produto consiste não só no preço pago pelo consumidor, mas também no preço pago pelos outros. De acordo com o raciocínio econômico corrente, o consumo sempre pode continuar: se os custos são altos, também o preço será alto. Evidentemente se trata de um cálculo individualista dos custos, baseado na soberania absoluta do consumidor individual. Entretanto, não por isso deveria ser razoável. Do que não resta dúvida é do caráter egoísta e do exercício do poder econômico e político.

O racional é: calcular os custos *coram Deo,* isto é, perante Deus. Isto nos permite ver os verdadeiros componentes dos custos: as circunstâncias e os riscos de trabalho do *outro,* como também os danos causados a nossa própria integridade religiosa. Tal cálculo dos custos não é menos "racional" que o do egoísmo materialista. Aqui existe também a avaliação e consideração econômica. A diferença consiste em que a última avaliação dos custos se baseia na *informação:* inclui no cálculo os custos verdadeiros. Não é o racional que difere da visão moderna, mas os critérios aplicados. Estes não são o lucro e o poder individuais, mas estão baseados no esforço empregado e nas condições de trabalho necessárias para a elaboração do produto.

O consumo racional não significa apenas ter *consciência do preço* na hora de efetuar as compras, de modo que, se o preço é alto, simplesmente compro menos. O consumo racional é: estar consciente dos custos. E, se estes põem em perigo o bem-estar do outro, devo renunciar ao consumo. Isso é possível? Será que ainda existem produtos "limpos", por exemplo, serviços bancários, anéis de ouro, bananas da América Central ou pinhas filipinas? A pergunta não é esta! Além do mais, o regime e o raciocínio econômicos existentes não eram as únicas alternativas! Tudo isso "no principio não foi assim" (Mt 19,8). A conclusão é outra: o procedimento econômico deve ter como objetivo a criação de um regime econômico no qual o outro possa ganhar seu sustento e no qual eu (quem inicia uma relação comercial com ele) não perca minha integridade aos olhos do Criador. Deveríamos começar derramando diante do Senhor nossas aquisições econômicas existentes, que pessoalmente nos custaram tão pouco sacrifício (os critérios são sempre as vidas humanas). Estamos realmente conscientes do que fizeram os três heróis?

Parte II

DESENVOLVIMENTO ECONÔMICO

2 | A expansão de teu comércio
História econômica

A palavra do Senhor me foi dirigida nestes termos: "Filho do homem, entoa um canto fúnebre sobre o rei de Tiro. Tu lhe dirás: Assim diz o Senhor Deus: Tu eras um modelo perfeito, cheio de sabedoria, a perfeita beleza. No Éden, no jardim de Deus, te achavas. De todo tipo de pedras preciosas era teu manto: rubi, topázio, diamante, berilo, crisólito, ônix, jaspe, safira, granada e esmeralda. Teus engastes foram trabalhados em ouro, preparados no dia em que foste criado.

Como um querubim protetor, eu te havia colocado; estavas na montanha santa de Deus, faiscando entre pedras de fogo. Eras perfeito em tua conduta desde o dia em que foste criado, até se descobrir em ti a iniquidade. Com teu intenso comércio encheste teu interior de violência e pecaste. Por isso eu te excluí da montanha de Deus, e te fiz perecer, ó querubim protetor, em meio às pedras de fogo.

Pela multidão de tuas culpas, pela imoralidade de teu iníquo comércio profanaste teu santuário. Por isso fiz sair um fogo do meio de ti, para que te consuma. Eu te reduzirei a pó sobre a terra, aos olhos de todos que te veem. – **Ez 28,11-16.18**

Vimos no primeiro capítulo que é inútil fazer qualquer análise da problemática econômica a partir de uma perspectiva bíblica que não tenha como ponto de partida a *relação* existente entre o homem e Deus. A este respeito, cabe observar que não se trata só da pergunta "se Deus existe". E, menos ainda, se eu "creio" na alma ou "no além-túmulo". A teologia que formou a base para o atual discurso econômico já não tinha nada que ver com a visão bíblica, apesar de "crer" em Deus, no mais além-túmulo e na Providência. "Ser supremo, grande e eterno", assim começa o Salmo 38 num saltério de 1773. Tal linguagem respira a teologia do *deísmo,* em voga no século XVIII. Deus foi deslocado da relação pessoal para se constituir naquele Ser Supremo que um dia se comprouve em criar o mundo, como o relojoeiro faz um relógio, mas que agora se encontra a uma distância segura. Não obstante, observa um historiador que escreve sobre essa época, "o Criador não é o cuidador de todas as coisas. O mundo se mantém por si só, sustentado pelas leis da natureza. O cristianismo é tão antigo como a criação, já que no fundo não se trata de outra coisa, mas de uma fé racional em Deus, na virtude e na imortalidade. Tudo o mais são acréscimos feitos por teólogos e padres; acréscimos que só significam deterioração". Esta era naquele tempo a concepção da fé e do mundo.

Entretanto a relação pessoal com Deus determina – como se depreende claramente da "teologia natural" dos deístas – o verdadeiro caráter da fé que uma pessoa possa ter na criação. Adam Smith, o "fundador" da ciência econômica moderna, também era catedrático de teologia natural. Para ele, Deus era o "relojoeiro" que levou a termo sua obra.

Semelhante filosofia da criação, a imagem e semelhança do homem, encontramos em toda a parte onde preferimos não ter de lidar com um Deus observador e comunicador. Um Deus que "descansa" de sua obra criadora ainda pode contar com sua aceitação; mas não um Criador que tenha mais planos para com sua criação. Esquecem que, no sétimo dia, Deus não só descansa – dando por concluído seu trabalho –, mas, nesse tempo em que vivemos, também *completa* sua criação (Gn 2,2). A relação é mantida. Mas, daí para frente, o homem terá a palavra. É o *administrador*, o guardião da casa, o encarregado da economia. "Os reis mais poderosos da terra costumavam colocar suas imagens em seus impérios como sinais de sua soberania; foi neste sentido que Israel considerou o homem como mandatário de Deus",[1] a sua "imagem e semelhança". Assim como Deus criou o céu e a terra com a força de sua palavra, assim os vai mantendo através de sua Palavra. "A única continuidade entre Deus e sua obra é a Palavra."[2]

Também a propaganda oficial da ditadura militar moderna é um exemplo da filosofia da criação cunhada pelo homem. Depois do golpe militar de 1976, a economia argentina, com um nível de desenvolvimento considerável, caracterizada por seu amplo nível de vida para todos que participavam do processo de produção – devido, entre outras coisas, a um movimento sindical muito forte –, viu-se reduzida em poucos dias a uma situação de caos generalizado. As liberdades nacionais e a cultura do país foram esmagadas por um espantoso terror estatal. Contudo, para os mandatários, esse caos representa-

---

[1] Gerhard von Rad, *Teologia de Antiguo Testamento*, I, Salamanca, 1978, p.196.

[2] *Ibid.*, p. 192.

va uma ordem superior. Era a ordem da chamada "segurança nacional".[3]

Para justificar esse procedimento dos militares, apelava-se para uma filosofia da criação, de fabricação própria: "no princípio havia o terrorismo das esquerdas". A narrativa não recua mais no tempo. No princípio! Esse é o caos primário que nós, junta militar e serviços de segurança, convertemos em "ordem e paz", o qual nos dá carta branca para atuar em todos os aspectos da vida. No documentário, de 1981, da emissora britânica BBC, falando sobre o sistema argentino de desaparecimentos, as duas mulheres que conseguiram fugir de um das centenas de campos terríveis de concentração comentam que seus carrascos lhes inculcavam continuamente: "Somos deus aqui, e a lei somos nós".

Isto ilustra em sua forma, a mais demoníaca, as consequências da tergiversação da revelação da criação para as relações sociais. É o homem que, no intento de salvaguardar sua posição, se justifica na "criação", de modo a poder dizer: estou no meu direito, tal como o Senhor dispôs.

A economia moderna, cujo ideólogo principal no século XVIII foi Adam Smith, também ideava sua própria teologia da criação. Conforme ele, já desde o princípio o homem é um *animal comercial,* um ser que se destaca, sobretudo, pelo desejo de per-

---

[3] Cf. meu livro *Teologia y economia en Las era de Las globalizacion*. Uma contribuição para o diálogo com a teologia latino-americana (Buenos Aires, 2007), capítulo 5, sessão 5, "El Estado de Seguridad Nacional". Na América Latina (e em outras partes do mundo) persiste a doutrina da segurança nacional como antigamente. Embora as ditaduras militares tenham sido substituídas pela democracia "representativa", existe uma diferença enorme entre esta e uma verdadeira democracia participativa. A doutrina e as práticas secretas da segurança nacional continuam a manipular a sociedade. Trata-se de democracias "de baixa intensidade".

mutar uma coisa por outra, isto é, negociar no mercado. Que seja, pois, no mercado onde vemos as leis puras da natureza operando.

É preciso não *mesclar* essas leis com outras, como as que conservam relação com o "culto a Deus". Portanto, no lugar de "Deus", também podemos dizer: "a natureza". E... para ser capaz de entender aquelas leis da natureza, é preciso que, sem atender a nosso "senso comum", tenhamos realizado estudos superiores: basicamente, só os licenciados em economia deveriam tomar parte no debate sobre questões econômicas. De modo algum a igreja, já que ela deve limitar-se ao "sobre" natural, ao Ser Supremo, à alma imortal, à virtude. Napoleão Bonaparte, por exemplo, inspirado pelo ideário do Iluminismo e dos deístas, há muito tempo havia rejeitado a religião tradicional. Entretanto, ao assumir o poder, compreendeu quão oportuna lhe seria sobretudo a virtude da submissão e da obediência, assim como pregava, precisamente, a igreja mais conservadora. Era propaganda gratuita para seu regime. O mesmo estava ocorrendo na América Latina com os regimes militares. Para chegarem ao poder, os mesmos generais, cujas concepções de vida ficaram profundamente secularizadas desde tempos remotos, da noite para o dia convertem-se em leais filhos de Roma – ou das igrejas evangélicas – ocupando, especialmente nos dias de festa nacional, as primeiras filas da igreja.

Uma igreja com características semelhantes também é tolerável para nosso sistema econômico: uma igreja como *complemento de sua própria concepção* da relação entre Deus e o mundo. Uma igreja assim não deve procurar confronto com a lógica econômica: falta-lhe o conhecimento de causa. Convém limitar-se em "seu próprio terreno", ponto de vista que parece ser compartilhado pela maior parte de nossos grandes empresários. Sapateiro, a teus sapatos!

A fé na criação de Israel é diferente da do liberalismo ocidental, já que não percebe "céu e terra" (a realidade criada), como um cosmos programado mecanicamente. Conforme Von Rad, especialista no Antigo Testamento, "o mundo, e quanto ele contém, não encontra sua unidade e coesão interna num primeiro princípio de ordem cosmológica, como procuravam os filósofos jônicos da natureza, e sim na vontade criadora e absolutamente pessoal do Senhor".[4] Contudo nossos manuais de economia continuam afirmando que a ordem fundamental de nossa vida econômica não é outra, senão a lei do "mercado livre", que obedece eternas leis da "natureza" e que a razão humana é capaz de determinar. A *crise econômica dever-se-ia* a nossa falta de obediência a este deus natural. Portanto, segundo estes economistas, a recuperação econômica também significa: regressar à lógica do "mercado"!

O relato bíblico da criação quer nos explicar que os conceitos "caos e harmonia" e "crise e equilíbrio" são, ambos, produtos da *história* humana. Já no paraíso Deus dá ao homem a chance da escolha. Pode optar por proceder conforme sua Palavra ou escolher outro caminho. As crises não são o resultado das "leis naturais" que Deus teria incorporado à criação. Desemprego, pobreza, degradação do meio ambiente, trabalho maçante, assim como outros produtos negativos de nossa ordem econômica, não são os "custos sociais" e inevitáveis que "o melhor dos mundos possíveis" acarreta consigo. São produtos da história humana. A questão do subdesenvolvimento nada tem a ver com a circunstância de que nos

---

[4] Von Rad, *ibid.*, p. 191 (a ênfase é minha).

países em desenvolvimento "o mecanismo do mercado ainda não funciona", como a teoria corrente nos quer fazer crer. São as consequências da história colonial de séculos, que acabou por deformar as economias dos ditos países. Devemos nossa consciência *histórica* ao Antigo Testamento, que começa com o relato da criação. "Israel sabia que este poder único e divino dirigia-se a ele e estava consciente de que sua origem remontava a um ato histórico realizado por Javé. Viveu as vicissitudes de sua longa história como parte da relação e do diálogo que o Senhor havia iniciado com seu povo na saída do Egito."[5]

Além dos dois relatos referentes à criação (Gn 1,1-2.4a e 2,4b-25), há um terceiro: uma evidente aplicação da matéria (Ez 28,18). Não foi Deus quem criou a injustiça! "Eras o selo de uma obra mestra, cheio de sabedoria, acabado em beleza. Estavas no éden, no jardim de Deus" – numa economia livre de crises, "adereçada" para ti. Foi o homem quem cometeu o pecado – pecado que, segundo Ezequiel, encontrou sua origem no afã da expansão comercial que até o dia de hoje é acompanhada pela violência na história. Uma tradução mais acertada do versículo 25,18 (frequentemente traduzido por "a imoralidade que acompanha teu comercio", como se a "corrupção" pudesse ou não fazer parte do comércio) seria: a imoralidade de teu comércio".[6] Os exegetas do Terceiro Mundo nos têm chamado a atenção sobre o muito que as traduções ocidentais da Bíblia

---

[5] Luc. H. Grollenberg, *Nieuwe kijk op het oude boek*, Amsterdam, 1977, p. 49.

[6] Cf., entre outros, *Bíblia de Jerusalém*. A tradução clássica de Casiodoro de Reina (1569), revisada por Cipriano de Valera (1602), traduz assim: "a iniquidade de tuas contratações".

veem as coisas a partir da perspectiva ocidental. Até o ponto de converter a palavra "de" em "acompanha-a". Assim se perde de vista a violência do próprio comércio e as práticas que implica.

O erro não estava na criação. Deus não tem culpa. No princípio não foi assim. É a história humana. A criação não é caótica. Não obstante, o caos continua sendo uma ameaça perpétua para a criação. A fé no Gênesis (cap. 1 e 2) nos permite escolher: viver conforme a Palavra – a Palavra da criação e da redenção vem do mesmo Criador e Cuidador – ou optar por uma vida conforme a ideologia liberal vigente, que cunha seu próprio conceito da criação e da história, com o qual elimina tanto a criação como a história.

3 | Acaso sou eu o guarda de meu irmão?
A questão econômica

Caim disse para seu irmão Abel: "Vamos lá fora". E, quando estavam no campo, Caim lançou-se contra seu irmão Abel e o matou. O Senhor disse a Caim: "Onde está teu irmão Abel?" Ele respondeu: "Não sei. Sou eu acaso o guarda de meu irmão?" O Senhor replicou: "O que fizestes? Ouve-se o sangue de teu irmão clamando do chão por mim". – **Gn 4,8-10**

Porque esta é a mensagem que vocês ouviram desde o início: devemos amar-nos uns aos outros. Não como Caim que, sendo do Maligno, matou seu irmão. E por que o matou? Porque suas obras eram más, enquanto as de seu irmão eram justas... Se alguém, possuindo os bens deste mundo, vê seu irmão na necessidade e lhe fecha seu coração, como o amor de Deus permaneceria nele? – **1Jo 3,11-12.17**

Com estes fragmentos de textos entramos de cheio na problemática econômica. É o relato do primeiro pecado, o primeiro crime, o primeiro assassinato. A *morte* faz sua aparição na Bíblia em forma de homicídio. Abel se pode traduzir por "Alento". A epígrafe "o primeiro pecado" na verdade se costuma deixar para o capítulo *anterior*: Gênesis – cap. 3 e 4 – é precedido simplesmente por "Caim e Abel". O primeiro crime de homem para homem, o primeiro homicídio figura em Gênesis 4. Portanto me parece mais acertado deixar a conhecida epígrafe "a queda" para Gênesis 3.

É evidente que devemos ter muito cuidado ao colocar títulos em passagens bíblicas, que inventamos para maior clareza. De fato, títulos como "a queda" e o "pecado original" são conceitos provenientes da dogmática. A dogmática não pode chegar a dominar o texto; este último deve permanecer uma fonte aberta para ela. Se permitirmos que Gênesis 4 seja precedido por "Caim e Abel", deveríamos intitular o terceiro capítulo como "Adão, Eva e a serpente", pois este é o relato. E Gênesis é um relato. É como dizia Martin Buber: "ensino narrado", isto é, ensino em forma de relato.

Se Gênesis 3 fosse encabeçado por: "O primeiro pecado", poderíamos intitular o relato de Caim e Abel desta maneira: "O segundo pecado", e assim sucessivamente. Em tal caso faríamos como se o assassinato de Abel não tivesse sido mais que um dos inumeráveis pecados cometidos por nós, os humanos, que desde o Gênesis 3 "vivemos em pecado". Também poderíamos dar a impressão de que nestes dois capítulos se tratava de "pecados" distintos ou, talvez, de "etapas" distintas. Entretanto trata-se de uma e mesma causa fundamental do mal, da morte, que já havíamos identificado no capítulo primeiro: a relação rompida com Deus. Tanto em Gênesis 3, como em Gênesis 4. Entretanto, se de todo o modo formos incluir nossas próprias epígrafes (ou preferências), eu me inclinaria por "A queda" no caso de Gênesis 3, e "A *questão econômica*" em Gênesis 4. Gênesis 3 oferece teologia sobre Gênesis 4.

O caso do "pecado original" produz em nós uma impressão pouco progressista, hoje em dia. Mais que tudo, evoca horas tétricas de catequese, como o caso daquela menina a quem o pastor havia comentado que neste mundo *tudo* era pecado. Até o choro de um recém-nascido, no qual já se podia perceber a "cobiça"! Este pregador havia inventado seus próprios títulos para o livro de Gênesis 3; vale mais ignorá-los. Mas o que fazer com a pergunta 8 do Catecismo de Heidelberg (1563): "somos totalmente incapazes de fazer o bem e propensos para o mal?". Tal conceito, aos olhos de muitos (a maioria?), é de um pessimismo bem desfigurado.[1]

Depois de haver vivido seis anos na América Latina, descobri quão realista e profunda é esta reflexão, esta "re-consideração" e repetição de Gênesis 3. Acaso existe outra explicação para o cinismo com que, em nome do progresso e desenvolvimento, milhões de pessoas são mandadas para a *morte*, no chamado Terceiro Mundo, *através das relações econômicas* que os países ricos mantêm com elas, direta ou indiretamente? Os milhares de desaparecidos, e muito mais, os torturados na Argentina, a blasfêmia do Estado totalitário, que, convencido de sua própria grandeza, fundamenta seu poder na violência e na destruição *dos meios de existência*, os meios para se ganhar o sustento de todo um povo – o sistema conduzido por assíduos paroquianos –, acaso tudo aquilo não está relacionado com a "queda" onipresente? Entretanto vivemos no "mundo livre". Em que pese a todos, nos anos setenta e oitenta do século XX, o Ocidente se encarregou de dar treinamento e capacitação aos regimes de assassinos sistemáticos na América do Sul e em outras partes do mundo – no *mesmo espírito* ocidental de progresso, como sucede até o dia de hoje.

Geralmente nossos manuais de economia começam o primeiro capítulo com a pergunta: Qual é a causa da existência da ordem na vida social? A resposta deve ser: o mercado. Mas quem pode provar que é assim? Ao passar um olhar rápido pelo *mercado mundial* e, abarcando-o em sua totalidade, isto é, inclusive os países situados

---

[1] A *lição* do Catecismo de Heidelberg é o inverso: a resposta à pergunta é: "Sim, *salvo* se renascermos no Espírito de Deus".

à margem (do progresso), indubitavelmente vemos mais o caos e a morte do que a ordem e a vida. Considerando que nossas instituições econômicas ocidentais operam com a convicção de estarem atuando em consonância com a natureza humana, com a "essência humana", na verdade podemos sustentar que tudo aquilo não tem nada a ver com Genesis 3 e 4, assim como a afirmação religiosa de que "somos incapazes de tudo para fazer o bem e propensos para todo o mal"? Acaso não somos concebidos e nascemos entre excluídos? Numa fábrica de morte? Para encontrar as vítimas nem é preciso ir aos países nos extremos de nosso sistema econômico (na periferia). Basta lançar um rápido olhar na Europa, na Holanda, para os moradores dos asilos de idosos e a "juventude errante", carentes de qualquer perspectiva de encontrarem um trabalho digno.

Há os que procuram os culpados de tanta miséria (outro termo do Catecismo de Heidelberg...) entre os dirigentes de nossas grandes empresas. Querem fazê-los responsáveis pessoalmente pela morte e destruição semeadas por sua culpa no Terceiro Mundo. Lembro-me de que uma vez um missionário protestante estadunidense me disse: "na verdade deveríamos ir a Nova York e fazer um apelo aos presidentes das grandes multinacionais para que se convertam". Embora não me pareça má ideia manter uma longa e profunda conversa com esses empresários, o apelo para sua conversão me parece demasiadamente ingênuo. E, ainda mais ingênua, a conclusão deste pregador. Em seu parecer, os empresários, ao serem confrontados com os fatos, acabariam por dar fim ao subdesenvolvimento e à exploração, já que, como empresários, isto estaria dentro de suas possibilidades.

Creio também que seria um tanto pretensioso, além de totalmente injusto para com os dirigentes das multinacionais, fazê-los *pessoal* e *exclusivamente* responsáveis pelo caos no sistema econômico internacional. Além do mais, ninguém deles (talvez seja mais prudente dizer: quase ninguém) terá a intenção de levar a morte e destruição para os países a caminho do desenvolvimento, por meio de suas atividades econômicas. Não são assassinos, muito menos assassinos declarados. E, embora estejamos conscientes dos efeitos desastrosos de determinadas atividades das empresas ocidentais nas economias dos países pobres, não são unicamente os empresários que estão envolvidos, *senão todos nós*. O empresário dirá: não se pode fazer nada, não tenho alternativa, devo aumentar minhas exportações, não posso perder minha quota no mercado, a competição nos obriga a proceder assim.

Depois de haver determinado que o empresário também é humano, "que não pode fazer outra coisa", que tem frequentemente as melhores intenções e que todos nós temos parte ativa no sistema em que ele opera – baseado no crescimento, progresso, segurança própria, expansão e o "sempre mais" –, fica claro que essas perguntas de vida e morte na economia atingem a todos nós e que devemos assumir nossa responsabilidade pessoal. Isto sim, com a inclusão de empresários e políticos, que têm uma responsabilidade particular.

E aí fazemos uma descoberta surpreendente no Gênesis: *Tampouco Caim tinha o propósito de matar*. Além do mais, a morte ainda era um fenômeno desconhecido no relato bíblico. Faz sua entrada em forma de *homicídio involuntário*. Havia outro motivo. João Evangelista diz: Caim matou seu irmão porque suas obras eram más. Martin Buber, com respeito às palavras "e matou-o": Caim não "matou" Abel; "o *tem* matado", *acontece* que o tem matado. "Acaso a culpa é minha?" é sua pergunta. É como quando, ao lavar os pratos, deixo cair no chão uma peça cara da baixela e alguém me diz: "o que fazer *agora?*". A resposta será: "Não sei. Apenas esbarrei levemente. Acaso a culpa é minha? Acaso fui eu quem pôs ali?". Assim Deus pergunta a Caim: *"O que fizestes?"*. Foi cometido um assassinato. Não um assassinato ordinário, não um assassinato qualquer na lista interminável da história humana. Trata-se da visão bíblica do assassinato. "Ouve-se o sangue de teu irmão clamando por mim do chão". Esse sangue está clamando neste texto *no plural*. No original hebraico usa-se o plural. Aqui clama "todo o sangue inocente derramado sobre a terra" (Mt 23,35). A revista que se ocupava – com a cooperação do Cardeal Arns de São Paulo – em denunciar os milhares de assassinatos nas ditaduras sul-americanas, particularmente na Argentina, no Chile, no Uruguai e na Bolívia, se chamava *Clamor*. Na capa figurava o Salmo 88,3: "Presta ouvidos a meu clamor".

Descobrimos duas coisas. A morte de Abel é a *consequência* de alguma coisa. Assim como nosso procedimento econômico tem suas consequencias: "efeitos externos" – consequencias que se manifestam externamente. Havia algo *dentro* de Caim que estava mal: tinha o rosto como que acabrunhado; diz o texto: abatido (Gn 4,5-6), havia algo que não ia bem. Faltava alguma coisa no relacionamento entre Caim e Abel. Na Bíblia, Caim não é só uma pessoa. "Caim" representa uma determinada atitude. Num poema, uma mãe argentina profere uma maldição contra os militares que assassinaram seu filho e chama-os "Caim". "Caim" é também um sistema. Porque pessoas com rostos "abatidos" chegam a ser funcionários de um sistema. Disso tratar-se-á no próximo capítulo.

Logo não pode ser coincidência quem nos apresenta Caim como pertencente a uma escala de desenvolvimento econômico mais alta que Abel: Caim é agricultor; Abel, pastor. Não obstante, Caim pensa que não precisa preocupar-se com o bem-estar de seu irmão, *fechando-lhe seu interior,* já que fizera o mesmo com Deus. Renunciou à função de protetor que podia ter tido, qual "querubim protetor de asas estendidas" (Ez 28,14). Esta era a mensagem *desde o princípio* (1Jo 3,11). Esta era a Palavra da criação, a Palavra da vida. Mas Caim entra numa relação de competição com Abel. Quer ser independente. E assim "o amor de Deus não pode permanecer nele".

4 | A cidade de Caim
Um sistema militar-econômico de segurança

Agora maldito sejas tu, longe da terra que por obra tua bebeu o sangue de teu irmão. Ainda que cultives a terra, ela não te dará mais seus frutos: serás um fugitivo, vagando sobre a terra". Disse Caim a Javé: "Grande demais é meu castigo, para que eu possa suportá-lo! Vós me expulsais hoje desta terra e terei de esconder-me longe de vós; serei fugitivo, vagando sobre a terra; e aquele que me encontrar poderá me matar". O Senhor lhe disse: "Quem matar Caim será punido sete vezes!". O Senhor pôs em Caim um sinal, para que não fosse morto por quem o encontrasse.

Caim se retirou da presença do Senhor e foi morar na região de Nod, a leste de Éden. Caim uniu-se a sua mulher, que concebeu e deu à luz Henoc; depois tornou-se construtor de uma cidade, à qual deu o nome de seu filho Henoc. – **Gn 4,11-17**

No capítulo anterior temos dito que Caim não é somente um personagem bíblico, mas também um sistema. No relato bíblico, Caim é o primeiro construtor de cidades. Assim como o ataque contra Abel não representa um assassinato qualquer, mas a visão bíblica do assassinato; assim como Caim não é uma pessoa qualquer, mas a personificação de uma postura humana, hostil com Deus; na Bíblia, a cidade não é tão somente um conjunto de casas com parede, mas um *poder espiritual*.[1]

Na Bíblia, a hostilidade com Deus se chama incredulidade. Esta fez sua entrada com Caim. "Pela fé, Abel ofereceu a Deus um sacrifício mais excelente que Caim" (Hb 11,4). Abel é o justo (Mt 23,35). Caim é o homem que procura justificar-se por sua obra. Entretanto sua oferenda, que Deus não quis aceitar, não era precisamente muito melhor? Acaso não havia investido tempo, esforço e planejamento econômico? Não representava um verdadeiro sacrifício? Abel, por sua parte, não tem essa pretensão. Não é justo por haver realizado uma determinada ação, por alguma qualidade sua, mas "por sua fé", isto é, o reconhecimento da graça livre de Deus. Jaques Elull, o conhecido teólogo e filósofo da cultura, francês e protestante, chama atenção sobre essa diferença entre Caim e Abel, no início de seu livro *A Cidade*. Deus que percebe a hostilidade no semblante de Caim, pergunta-lhe a causa (Gn 4,6). Mas Caim não quer restabelecer a amizade com Deus, o que vai trazer como consequência a morte de seu irmão Abel. A palavra dirigida por Deus a Caim, depois do assassinato, já não encerra uma advertência, mas um castigo. Por haver rompido os vínculos com Deus e seu irmão, será rompido também o vínculo com a natureza: "serás um vagabundo errante pela terra"; sim, também na terra vai repercutir a ação de Caim: "mesmo que lavres o solo, este não te dará mais seu fruto".

Aqui conviria fazer uma pausa para refletir. Os manuais de economia costumam focalizar "a questão econômica" de maneira muito diferente do que viemos expondo no capítulo anterior. Não o consideram um problema inter-humano de dominação e dependência,

---

[1] Jacques Ellul, *La ciudad,* Buenos Aires, 1972, p. 22.

um não conceder-se mutuamente o *espaço econômico*. Não, este aspecto "social" tem sido expulso por completo do discurso econômico corrente. "A economia", em sua definição, trata de "escassez", da "deficiência fundamental do bem-estar" que precisamos "eliminar" mediante o "progresso tecnológico", a civilização e a disciplina. A escassez é percebida como uma sorte de "ordenação divina", um problema fundamental, em vez de um problema *derivado*, que encontra sua origem em nossa falta de consideração com a Palavra de Deus e com nosso semelhante: o justo, cuja *vida* temos de respeitar.

Em nossa relação pessoal com Deus, o semelhante oprimido é sempre o *justo*. Por essa razão, o teólogo da libertação do século XVI, Bartolomeu de Las Casas (1484-1566), descrevia os indígenas como "seres perfeitos", sem "maldades nem duplicidades"; maneira para dizer que os cristãos (leia-se espanhóis) eram para essas "ovelhas mansas, tão humildes, tão pacientes e tão fáceis de serem dominadas", apenas "lobos e tigres e leões crudelíssimos que não tiveram mais respeito com elas, não digo do que com animais, mas do que com o esterco das praças". Foi um só genocídio gigantesco, já que o objetivo final dos cristãos consistia em abastecer-se de ouro "e encher-se de riquezas em poucos dias e subir a estados muito altos e sem proporção de suas pessoas".[2]

O cristão não deve apontar a injustiça no outro, mas reparar *em si mesmo* e, ademais, analisar o modelo de sociedade que vamos construindo e pelo qual deve assumir sua corresponsabilidade. Paulo diz: sou o maior dos pecadores. Por isso, quando dizemos que temos de considerar nosso sistema econômico "a partir do pobre",

---

[2] Bartolomé de Las Casas, *Brevíssima relacion de Las destruición de las índias,* 1542, em *Tratados I,* México, 1965, p. 15, 19, 21, 23.

a partir da perspectiva da vítima, não se trata de contos "da moda" ou "sentimentalismos". Muito menos uma impossibilidade, como achava um orador há mais tempo, numa assembleia eclesiástica durante um debate sobre a problemática da guerra. Com efeito, na Bíblia se considera a cidade efetivamente "através dos olhos do oprimido", dado que o próprio Deus está a seu lado. *Deus ouve* o clamor do sangue das vítimas da expansão econômica.

O violento não suporta ter de avaliar seu sistema, aplicando as normas do justo; o que deseja é apagar o nome, a presença dele. Para isso serve o assassinato político e econômico. Mas o Abel assassinado, *que nem sequer gerou descendentes,* cujo futuro parece truncado, mesmo morto, ainda fala (Hb 11,4). Abel não foi capaz de transmitir sua condição de homem justo para a posteridade, aliás teria sido possível tão pouco, diz Ellul, já que sua justiça só consistia em Deus ter aceito sua oferenda. O que os humanos podem transmitir-se mutuamente – em seu afã de construir cidades – é a injustiça, são as estruturas de opressão. Mas a atuação de Abel, em sua relação com Deus, sua "oferenda", sua devoção, foi "aprovada" por Deus, tal como é expresso na Bíblia (Hb 11,4), como Deus também havia visto que a criação "estava bem (Gn 1,31). Abel viveu de acordo com esta Palavra da criação. Por isso continua vivo, mesmo depois de assassinado (Mt 10,28).

E Caim? Caim, o assassino por orgulho, se dá conta de que, desconcertado, daí para frente prescindirá da presença protetora de Deus por haver abandonado sua Palavra. "Terei de esconder-me de tua presença, convertido em vagabundo errante pela terra". Caim, o assassino que atacou e pôs o outro em perigo, para logo assassiná-lo, agora se vê pessoalmente diante do problema da segurança. Segurança... problema para o próprio violento! Os militares latino-americanos, ao estudarem a questão da "segurança nacional", não tratavam da segurança do pobre e do oprimido, mas de sua própria segurança, a segurança do homem das armas, daquele cuja segurança provém do armamento e do terror, de um sistema de segurança que o submete totalmente.

Caim se converteu num estranho sobre a terra. Esta terra já não lhe é mais fiel; o homem ao qual a terra fora confiada também abusou desta relação. Abusou da terra, "para que esta recebesse de sua mão o sangue de seu irmão". Envolveu-a, por assim dizer, como terceira parte, nesse complô do qual agora é culpada com ele e sobre o qual recai uma maldição. Isto demonstra que Deus se preocupa com a terra, as plantas e os animais. A terra, maldita por causa do homem, ficou impura por causa dele, e agora vomita seus habitantes (Lv 18,25). Por isso, o problema *econômico*, assim como o militar, são problemas "derivados", criados pelo próprio homem. É a consequencia da queda, o abandono da Palavra, o homicídio.

Não obstante, Deus dirige pela terceira vez a palavra a Caim. Depois de sua palavra de advertência e castigo, vem agora uma palavra de proteção: "E o Senhor pôs um sinal em Caim para que ninguém o atacasse ao encontrar-se com ele".

Todavia – e com isso temos chegado a Caim como *construtor de cidades* – tão pouco tem *fé* agora. Caim não tem confiança na Palavra; nem sequer se digna contestar, como tampouco o fez quando Deus lhe perguntou: "Por que andas irritado?"; e quando disse a seu irmão Abel: "Vamos lá fora, para o campo". Caim se distancia novamente da Palavra: "Caim saiu da presença do Senhor". (Algumas traduções da Bíblia optam por omitir a cláusula "e", que também pode ser traduzida como "entretanto"; o relato não se apresenta como uma sucessão fortuita de fatos, mas se trata de uma reação negativa por parte de Caim à proteção que Deus lhe oferece. Poderíamos traduzir assim: "Entretanto Caim saiu da presença do Senhor".)

Caim saiu da presença do Senhor para ir viver no país de Nod, no "país dos errantes". Assim o homem ficou sozinho na terra: como um estranho, incapaz até de encontrar sossego – como antes no éden, onde tinha um espaço "para reclinar a cabeça" (Mt 8,20) –, como um vagabundo, alienado da natureza e com um problema de segurança. Mas Deus, ainda assim, o incita novamente a viver a partir de sua Promessa. Caim representa o homem caído, cuja vida não tem mais a naturalidade que tivera no paraíso, *onde ainda não havia ruptura entre a Palavra e o mundo*. Agora que já não lhe é mais dado viver no éden, Deus só lhe oferece, categoricamente, confiar em sua Promessa, tão somente em sua Palavra, o que não está isento de risco.

Caim parte para o país de Nod, ao *Oriente* de Éden. Escolhe um novo ponto de partida – assim como os caminhos do homem na Bíblia começam todos "no oriente". Tem o olhar voltado para o paraíso perdido. E resolve enveredar por um *começo novo e próprio*. Gera um filho e *constrói uma cidade. Estabelece-se*. Desse modo nega sua condição de estranho e o julgamento que isso implica. Ambos, filho e cidade, levam o mesmo nome: Henoc, "início, inauguração".[3] Terá cuidado em assegurar seu próprio futuro: mediante sua posteridade, assim como seu próprio *sistema de segurança*, econômico e militar: a cidade.

A cidade é a resposta a seu problema *econômico* (a terra que já não lhe dá todos os seus frutos) e a seu problema *militar* ("qualquer pessoa que me encontrar, me matará"). Assim Caim se distancia uma vez mais da Palavra da criação. Nas palavras "no princípio" (Gn 1,1), haveria um certo confronto com a "inauguração" (He-

---

[3] Ellul, *La ciudad,* p. 17.

noc) de Caim, relatada no Gênesis (4,17ss.). A criação de Deus não é mais tida com estima. Caim inicia sua própria, "anti"criação. Procura se organizar sozinho. "Quer encontrar sozinho o remédio para uma situação que ele criou, mas que ele mesmo, sozinho, não pode reparar, porque é uma situação que depende da graça de Deus. E Caim acumula remédios, cada um dos quais é uma *nova desobediência*, uma nova ofensa. Cada remédio que parece ser uma resposta a uma necessidade de sua situação, na verdade, o afunda cada vez mais no mal, *numa situação cada vez mais inextrincável.*[4]

Ao falar da cidade, é preciso não pensar exclusivamente na oposição cidade-campo. A *"cidade"* significa aqui uma determinada atitude espiritual. Ademais, faz tempo que nosso próprio campo forma parte da cidade, a partir de um ponto de vista econômico e cultural. A agricultura converteu-se numa indústria, frequentemente também um meio para submeter e danificar a natureza. *De per si*, a existência da cidade está estreitamente vinculada ao surgimento de uma classe dominante, posicionada para valer-se de *outros* para o cultivo de seus alimentos. Por isso, historicamente, a cidade representa sem dúvida: submissão do campo ao regime militar e econômico. O campo, em sua relação com a cidade, *depende* dela.

"Qualquer que me encontrar, me matará" – o outro me enche de sobressaltos! Não é um irmão. Eu sozinho me basto para me defender. É característico que Robinson Crusoé, em sua ilha desabitada, caia de espanto ao encontrar as pegadas de... outro homem. Em vez do júbilo (por fim rompeu o isolamento!), o medo! Robinson personifica a burguesa autossuficiência ocidental. Não se considera a si mesmo "errante" e "estranho", mas o outro. E resulta que este

---

[4] *Ibid.*, p. 19. A ênfase é minha.

outro é um *negro*; não lhe dá um nome (por acaso "sexta-feira" pode considerar-se um nome?), *convertendo-o em seu subordinado, num dependente, dentro do sistema econômico de Robinson.* A cidade faz entrada na Bíblia junto com o temor de Caim. Uma cidade edificada sobre o receio e a ilusão de eternidade. A própria criação do homem, no intento de recuperar precisamente o que ele mesmo destruiu. O brasileiro Golbery de Couto e Silva, um dos principais ideólogos do militarismo latino-americano, baseia no Medo sua visão do homem, a partir da "eterna insegurança do homem".[5] A resposta a tal visão deve ser o "Estado de Segurança Nacional". E, na percepção de Milton Friedman, o conhecido ideólogo do capitalismo puro, fora da "cidade" do "sistema do mercado livre" só podem existir "tirania, escravidão e miséria".[6] Seu sistema de segurança (econômica), o da economia do mercado capitalista, também constitui a resposta ao medo, solidão e insegurança experimentados pelo homem. Este, ao afastar-se da Palavra, deseja reconquistar o paraíso, decidir sobre o bem e o mal, submeter a criação inteira a sua vontade autônoma. Para ele, cria-se um sistema econômico, como uma "segunda natureza", uma Criação alternativa, um novo cosmos, submetido agora à autoridade humana. Entretanto esta autoridade humana não pode ser outra coisa, senão *repressiva.*

Cada passo neste caminho do progresso, depois do "anticomeço" do Gênesis (Gn 4,17ss.), "significa uma nova desobediência". E o problema da própria segurança – econômico e militar – torna-se cada vez mais "inextrincável".

---

[5] Golbery do Couto e Silva, *Geopolítica del Brasil,* Buenos Aires, 1978, p. 27.

[6] Milton Friedman, *Capitalism and freedom,* Chicago, 1967, p. 9.

5 | Nada lhes será impossível
O progresso da técnica

Disseram uns aos outros: "Vamos fazer tijolos e cozê-los ao fogo".
Utilizaram tijolos como pedras e betume como argamassa. E disseram:
"Vamos construir para nós uma cidade e uma torre que chegue até o
céu. Assim nos faremos um nome. Do contrário, seremos dispersados
por toda a superfície da terra".

Então o Senhor desceu para ver a cidade e a torre que os homens
estavam construindo. E o Senhor disse: "Eles formam um só povo e
todos falam a mesma língua. Isto é apenas o começo de seus empre-
endimentos. Agora, nada os impedirá de fazer o que se propuserem.
Vamos descer ali e confundir a língua deles, de modo que não se
entendam uns aos outros". E o Senhor os dispersou daquele lugar por
toda a superfície da terra, e eles pararam de construir a cidade. – **Gn**
11,3-8

Temos visto nas páginas anteriores que o cristão, para determinar sua posição com respeito à problemática econômica, não pode se deter diante das coisas visíveis. Pode chegar um momento em que, perante "Deus a quem não vê" (1Jo 4,20), deva reconhecer que se acomodou, conformou-se com o "mundo presente (Rm 12,2). Então ver-se-á obrigado a obrar contra a lógica econômica prevalecente, a opor-se ao esquema vigente. Diante de Deus, recobrada a tranquilidade, poderá desembaraçar-se da lógica mundana, e de seu próprio coração. Conversão significa libertação. Já vimos isso no relato de Davi e dos "três heróis" (2Sm 1ss.).

Passamos logo a examinar a origem dos problemas econômicos na cidade, no mundo: as crises, a fome, a destruição do meio ambiente e os dejetos dos resíduos tóxicos. Não são "disposições da criação", "fenômenos naturais" ou inevitáveis, como de certo modo a economia convencional nos quer fazer crer, mas produtos da história e da responsabilidade humanas. Está escrito (Ez 28,2) que o comércio, convertido em princípio, não é outra coisa senão a continuação da violência, e vice-versa. (Ez 2,4ss.). Vimos que na Bíblia a essência da questão econômica se reduz a uma pergunta: "Sou eu o guarda de meu irmão?". Caim se encontra perante Deus: sua maneira de organizar a própria existência e economia *resulta no* aniquilamento de Abel. Conforme Caim, trata-se de um desfecho *involuntário:* "Acaso sou eu o guarda de meu irmão?", o que quer dizer: Acaso era evitável tal aniquilamento? Acaso não podia ele cuidar de si mesmo? Vemos novamente que o "problema econômico" é algo *espiritual: a* atitude de Caim perante Deus é hostil. Em nenhum outro lugar se destaca com tanta nitidez esse caráter religioso do procedimento humano como em sua *política de segurança.* Tudo por tudo, o problema da segurança do homem é a consequência de sua má consciência e atuação violenta. Caim constrói uma cidade para proteger a si mesmo, assegurando-se um nome no futuro (Gn 4). Para ele não basta ter descendência. Além de gerar Henoc, o filho, constrói Henoc, a cidade: o sistema de segurança econômico-militar, que se distanciou de Deus ("Caim saiu da presença do Senhor"). O caráter econômico é o que nos preocupa neste capítulo. O relato da cidade prossegue ao longo de toda a Bíblia, até a última palavra. O homem sai em busca do poder, seguindo as pegadas de Caim, não as de Abel. Quer encontrar sua segurança em coisas visíveis.

O seguinte construtor de cidades é Nemrod, "que foi o primeiro a fazer-se prepotente na terra" (Gn 10,8). Nemrod é filho de Kuss, que é filho de Cam, o maldito. Novamente vemos a construção de cidades *em resposta a uma maldição*. Qual tinha sido o pecado de Cam? Quando seu pai abusou do vinho, fruto da terra, embriagou-se, ficando desnudo enquanto dormia. Cam entrou e, vendo a nudez de seu pai, foi logo contar a seus dois irmãos o que tinha visto. Cam, diz Weinreb, judeu entendido em Bíblia, é o homem que quer *ver*.[1] É o homem do realismo, do *desenvolvimento, do progresso*. Para ele, um fato é um fato. Logo entram Sem e Jafet que *não querem ver,* por achar reservada semelhante visão. A foto engana. Logo, voltando para trás, rostos virados, cobrem a nudez de seu pai com "o manto do amor" (Gn 9,18-25). Nemrod era da linhagem de Cam. "Foi um bravo caçador aos olhos do Senhor". O que significa isso? Conforme Ellul, era "grande saqueador e conquistador". Seu caráter de homem violento recebe a maior ênfase na Bíblia. Está escrito "diante do Senhor". "Os inícios de seu Reino foram Babel, Erek e Acad, cidades todas na terra de Senaar. Daquela terra procedeu Asur, que edificou Nínive, Rejobot-Ir, Kálaj e Resen, entre Nínive e Kálaj (a grande cidade)" (Gn 10,9-12).

Nemrod dá início ao "desenvolvimento econômico". É o homem que "constrói nações", como costumamos dizer, ao falar dos países em vias de desenvolvimento. Pertence à classe dos homens de Caim, que representa o d*esenvolvimento técnico*. Finalmente, Sillá, mulher de Caim, "gerou Tubal-Caim, pai de todos os forjadores de cobre e ferro" (Gn 4,22). A maioria dos nomes das cidades mencionadas reaparece várias vezes na Bíblia. Todas representam

---

[1] F. Weinreb, *Ik die verborgen nen,* Wassenaar, 1974, p. 22ss.

a atitude espiritual da cidade como cidade. Esta cidade é hostil à religião de Israel. É também o lugar do exílio de Israel. Entretanto este não é o momento para aprofundarmos neste tema. Basta indicar o nome de "Resen", que significa "rédea". Resen é a "grande cidade" – símbolo da dominação da natureza, dos avanços da técnica. O cavalo embreado significa: civilização, poder e potência militar. Os cavalos e carros de combate dos países circundantes já vinham representando um perigo militar (e espiritual) para Israel. Resen, cidade do desenvolvimento técnico: do arado, assim como das armas; está no começo, conforme Ellul, daquela história fantástica que começa com o cavalo e termina com a fissão nuclear.[2]

Os escritores da Bíblia haviam compreendido perfeitamente que o desenvolvimento técnico está estreitamente vinculado ao armamento (grande parte de nosso trabalho de investigação técnica está diretamente a serviço do setor militar). Os cavalos são armas. Nestas, Israel jamais deve confiar. O rei de Israel "não há de ter muitos cavalos", nem irá devolver seu povo para o Egito, para a repressão da economia urbana, que seria uma condição para a militarização (Dt 17,16). O desenvolvimento do poder de Nemrod, o conquistador, terá lugar no país de Senaar. "Senaar" significa "destruidor". É o lugar do desenvolvimento econômico. Com quanto acerto se antecipou aqui a história, particularmente a de nossa época! Há alguns anos um autor inglês demonstrou como o desenvolvimento econômico moderno, desde a revolução industrial até a sujeição das colônias, pode explicar-se inteiramente pelo surgimento contínuo de problemas ecológicos. Para estes era preciso buscar uma solução, o que implicava simplesmente seu des-

---

[2] Ellul, *La ciudad,* p. 26.

locamento geográfico.[3] Não faz muito tempo que a violência do Estado Militar, em poucos anos, afundou as economias dos países do Cone Sul – Uruguai, Chile, Argentina e Bolívia – numa crise total. Na Argentina, entre março de 1976 (ano do golpe militar) e meados de 1982, o nível salarial baixou 75%. É o desenvolvimento como destruição. No Brasil, o Nordeste é a região mais pobre, como resultado da economia açucareira colonial, introduzida pelos holandeses no século XVII, formando a base para a pobreza atual.

Em Senaar também se construiu Babel. Temos o costume de intitular este relato "a torre de Babel" ou a confusão das línguas. Mas é simplesmente a continuação do relato da *construção de cidades*. Aqui vemos que a cidade, sendo também o Estado – as cidades do Antigo Testamento tinham seus reis –, significa economia fundada na construção urbana.

Não se trata só de uma torre, mas de uma cidade com uma torre, isto é, guarnecida de defesa militar, uma fortaleza.[4] Babel é um centro do poder político e econômico. O bastião militar "tinha a cúspide (o vértice) nos céus", significando: uma "superfortaleza"! Igual em imponência, como as muralhas "que chegam até o céu" e sobre as quais os espiões informaram, desencorajados, após terem sido enviados pelo povo de Israel para explorar a terra de Canaã, que desejavam conquistar (Dt 1,28;9,1). Aqui se trata do mesmo novo "começo", desde o "oriente", igualmente como quando Caim chegou a construir sua cidade (ver o capítulo 4). Entretanto nesta região se enfatiza a organização econômica e o desenvolvimento técnico. A palavra "edificar", construir, aparece três vezes no texto. Para isso é

---

[3] Richard G. Wilkinson, *Poverty and progress*, Londres, 1973.

[4] Milton Schwantes, "La ciudad y la torre. Un estudio de Gênesis (Gn 11,1-9)", *Cristianismo y Sociedad,* 1981 (no. 69-70), p. 98.

preciso fabricar tijolos, mediante um sistema de produção em massa que requer a participação do campo. O elemento do progresso se destaca com clareza. Uma das traduções mais recentes da Bíblia[5] diz: "Vamos preparar tijolos e cozê-los, empregando tijolos, em vez de pedras, e alcatrão, em vez de cimento". Trata-se da substituição da matéria-prima, consequência dos avanços técnicos, assim como de uma organização econômica que, segundo as fontes históricas, estava fundamentada no trabalho de escravos capturados na guerra e camponeses submetidos.

Semelhante sistema de produção não se pode realizar sem contar com uma estrutura política baseada no armamento. Por sua vez, essa organização política requer um sistema de produção específico e um produto determinado. A política e a economia são indivisíveis. Vamos edificar uma cidade para nós. Uma organização social cuja coesão se estribe num sistema ideológico fechado. Porque existe o progresso: se isto é o começo – e o princípio – da atuação humana, "nada de quanto se propuserem ser-lhes-á impossível". Mas existe também a *ideologia* do progresso: o Estado policial se faz famoso (vers. 4); também se cria uma verdade. "Façamos um nome para nós."[6] Para isso é fundamental uma linguagem artificial, unitária. George Orwell demonstra de maneira arrepiante em sua novela sobre o Estado totalitário, *1984*[7], como a verdade é despojada de seu instru-

---

[5] *Nueva Biblia Española. Também: Tnakh. A new translation PF the Holy Scriptures according to the traditional Hebrew text, New York, 1988.*

[6] Cipriano de Valera (*La Santa Biblia*, 1602), sendo mais fiel ao hebraico, traduz assim as palavras "façamo-nos famosos".

[7] George Orwell, *Nineteen eighty-four*, Middlesex, 1976 (edição original de 1949). Em português: *1984*. São Paulo: Companhia das letras.

mento, a linguagem, mediante a criação de um novo idioma para o Estado, que priva a gente da possibilidade de comunicação e reflexão.

Um dos capítulos seguintes[8] vai tratar do juízo que a Bíblia faz da cidade, embora neste já tenha ficado bastante claro. O relato sobre a edificação da cidade de Babel finaliza com a intervenção direta de Deus. Deus ou o Nome, como dizem os judeus. "Eia, pois", diz Deus, "desçamos e, uma vez lá, confundamos sua linguagem". Deus não estava presente naquela cidade que havia feito um nome para si mesma. O Senhor baixou, "e pararam de edificar a cidade". Foi rompida a homogeneidade.

---

[8] Capítulo 7.

6 | O cisma do Reino
Militarização e opressão

Três dias depois, Jeroboão e todo o povo foram ter com Roboão, de acordo com a palavra do rei: "Voltai daqui a três dias". O rei lhes deu uma resposta dura. Deixando de lado o conselho dos anciãos, falou-lhes de acordo com o conselho dos jovens, dizendo: "Se meu pai vos impôs um jugo pesado, eu o tornarei ainda mais pesado. Se meu pai vos castigou com chicotes, eu o farei com escorpiões". O rei não atendeu o povo. Foi Deus que assim o dispôs, para que se cumprisse a palavra proferida por Aías de Silo a respeito de Jeroboão, filho de Nabat. Todo o Israel viu que o rei não queria atendê-lo e por isso a multidão respondeu ao rei, dizendo: "Qual a nossa parte com Davi? Qual a nossa herança com o filho de Jessé? Volta para tuas tendas, Israel! Agora vê a tua casa, Davi!" E os israelitas voltaram a suas tendas. – 2Cr 10,12-16

Esta parte da Bíblia relata como em Israel se produziu a ruptura da monarquia. Isto ocorre para dar cumprimento às palavras do profeta Aías de Silo (1Rs 11,29-39). De fato são dirigidas ao rei Salomão. Sob o reinado de Salomão, Israel atinge o cimo de seu poderio econômico e militar; Salomão não só coopera com os reis das monarquias circundantes, mas também imita seu sistema político, militar e econômico, adotando até sua religião. Logo o profeta Aías de Silo se dirige a Jeroboão. Este será o primeiro rei do Reino das dez tribos que, após a morte de Salomão e como castigo de sua idolatria, separar-se-á. Trata-se de um relato revelador que uma vez mais fixa nossa atenção na visão bíblica da economia e da política.

Como já temos visto, as duas estão estreitamente vinculadas. Entretanto acostumamo-nos a negar esta conexão. A economia não é a política! Dizem isto particularmente aqueles que acham que a política deveria abster-se de interferir na economia ("o menos possível"). Esta postura se apresenta frequentemente como "científica". Trata-se, evidentemente, de um ponto de vista tão político quanto econômico. Ambas as coisas são indissolúveis; quem pretende separá-las não *descobre*, mas *encobre*. Por que onde ambas convergem inseparavelmente? Na tarefa da administração pública, que consiste em "ser um escudo para os débeis", tal como se expressa o ideário social-cristão.

Salomão iniciou um programa de cooperação internacional e expansão econômica de uma envergadura inaudita. Primeiramente empreendeu a construção do templo. O rei mesmo consagra o magnífico edifício, recitando piedosamente a oração (1Rs 8). Talvez tenha sido ingenuidade da parte do rei, encarregar a planta aos arquitetos de Canaã, abrindo de tal modo as portas do centro religioso de Israel a elementos de cultura pagã. De qualquer maneira, as coisas não pararam na construção do templo. Esta durou sete anos. Salomão dedicou mais treze anos à construção de seu próprio palácio, junto com as instalações do governo e a mansão de sua esposa egípcia. Salomão converteu Israel numa potência comercial internacional, em cooperação com Jiram, o rei fenício de Tiro (o mesmo Tiro que já encontramos em Ezequiel [Ez 2,28-12]). Através do porto de Esyón Guéber (1Rs 9,26), Salomão obtém acesso ao mar, que põe o Oceano Índico ao alcance da frota israelita, com todas as possibilidades comerciais que isso implica.

Conforme os historiadores, isto poderia ser um motivo de preocupação para a rainha de Sabá, ao ver que a expansão israelita--fenícia constituía uma ameaça para sua participação no comércio com caravanas.[1] Portanto chegou até Salomão e "lhe disse tudo quanto tinha em seu coração (1Rs 10,2). Mas Salomão vai mais além disso. Toca no mesmo ponto nevrálgico da relação entre Deus e Israel: a política da segurança. Salomão estava construindo o Melo para fechar a brecha da cidade de Davi, seu pai (1Rs 11,27; 1Rs 9,15). Mas isso não constitui os únicos gastos de defesa. O que segue é um vasto programa de construção de cidades que vai durar vários anos; são "cidades de cavalos" e "cidades de carros". E isto ciente de que, se um rei de Israel chegasse a possuir "muitos cavalos", recairia no sistema do Egito. Por isso é significativo o fato de Salomão iniciar a construção urbana com a restauração da cidade de Guézer; a mesma que o faraó rei do Egito havia dado em dote a sua filha, mulher de Salomão.

Semelhante programa de defesa não é realizável sem utilizar os povos vencidos como escravos (1Rs 9,21). Os israelitas ocupavam os postos de mando. No entanto, uma vez estabelecida a sociedade de classes, é inevitável que esta também vá contagiando os próprios israelitas. Para realizar os milagres econômicos de Salomão, era preciso que 30.000 homens realizassem trabalhos forçados. Proporcionalmente, isso equivaleria aproximadamente a 5 milhões de estadunidenses, total da população dos Estados Unidos de 1945.[2] Ademais, necessitava-se de 80 mil homens para trabalhar nos canteiros de obras, 70.000 carregadores e vários milhares

---

[1] Bernard W. Anderson, *The living world of the Old Testament,* Londres, 1968, p. 155-156.

[2] *Ibid.,* p. 157.

de capatazes. Assim faz entrada a sociedade de classes, precisamente em Israel; e *a exploração que isso implica será motivo para o surgimento dos profetas de Israel.*

O imperialismo e a prosperidade de Salomão esmagavam drasticamente a simplicidade da economia agrária de Israel, originando pela primeira vez e sistematicamente uma riqueza fabulosa ao lado da miséria e escravidão mais degradantes. Existe uma conexão direta entre esta nova estrutura social e o desenvolvimento da indústria de defesa em grande escala, de Salomão. Isto provoca a condenação do profeta. Salomão trocou sua fé nas promessas de Deus por seus orçamentos de defesa. Esta situação tem, como consequencia, a revolução popular contra o rei Roboão, filho e sucessor de Salomão. O chefe revolucionário – escolhido por Deus – é Jeroboão. Este se apresenta com todo o povo ao novo rei (2Cr 10,3). O povo diz ao rei: "teu pai tornou pesado nosso jugo; agora, alivia a dura servidão de teu pai e o pesado jugo que colocou sobre nós, e te serviremos". Mas o rei escuta o conselho dos *homens jovens*. Estes são os homens que não querem ver naufragar suas perspectivas de fazer carreira dentro do novo sistema social (cf. 1Rs 9,22ss.). E assim o rei obriga "todo o Israel" à *desobediência civil*: Não temos herança no filho de Jessé. Para tuas tendas, Israel!

O povo fica na confusão. A antiga sociedade, a *velha unidade* foi destruída. Rompeu-se a aliança com Deus e, diz Ellul, *para compensar essa ruptura, se constroem cidades fortificadas.*[3] Nisso consiste a nova unidade. Todos atrás das mesmas mu-

---

[3] Ellul, *Las ciudad*, p. 42. Meu resumo sobre este relato da Bíblia está baseado em Ellul.

ralhas, com as mesmas armas, os mesmos temores, na "unidimensionalidade" dos mesmos "uniformes", debaixo da mesma escravidão. Roboão substitui a eleição de Deus pela política da força. ("Quando Roboão teve consolidado e afiançado o Reino, abandonou a lei do Senhor e com ele todo Israel" [2Cr 12,1]). A unidade ante o medo do inimigo ("seja quem for", assim cito um chefe do exército estadunidense num documentário pela televisão sobre armamento nuclear de 1982) recompõe a unidade no temor de Deus. Isto significa inevitavelmente que o próprio povo chega a ser vítima da política armamentista. Porque se o rei de Israel, eleito para viver da graça divina, se fiar em sua própria força, há de perder esse jogo – que é mundano. *Mesmo que se trate da defesa do templo.*

Isto é o que nos ensina esta cadeia de sucessos: A edificação do templo por Salomão, a edificação de cidades por Salomão, a condenação de Salomão, a divisão de seu Reino, a construção de cidades por Roboão e o *saque do templo* por Sosaq, rei do Egito (2Cr 12,9). Deveríamos refletir profundamente *ao falar da defesa militar* de nossa civilização ocidental-cristã. A militarização e a injustiça econômica estão estreitamente vinculadas à política da força. Devemos ver a política desvinculada da economia, tal como nos ensina o (neo)liberalismo? Um parlamentar holandês, numa conversa com o ministro das Finanças, citou uma vez Maquiavel, o político de força: "Mais vale ser temido que amado". Isto demonstra que o liberalismo associa a economia com a política. Mas não é verdade. Os *velhos* que ainda haviam servido o rei Salomão aconselharam claramente a Roboão: "Se fores bom com este povo e o servires e lhe disseres boas palavras, eles serão teus servidores para sempre" (2Cr 10,7).

7 | A cidade condenada
Desenvolvimento e libertação

Depois disso, vi descer do céu um outro anjo, que tinha grande poder, e a terra ficou iluminada com seu esplendor. Ele gritou com voz forte: "Ela caiu, caiu Babilônia, a Grande; tornou-se morada de demônios, abrigo de toda espécie de espíritos impuros, abrigo de toda espécie de aves impuras e repelentes. Pois todas as nações beberam o vinho de suas prostituições e os reis da terra se prostituíram com ela e os comerciantes da terra se enriqueceram com seu luxo desenfreado".

Ouvi então uma outra voz do céu, que dizia: "Saiam dela, ó meu povo, para que não sejam cúmplices de suas faltas, nem tenham de sofrer com suas pragas!".

Depois disso, ouvi como que um forte ruído de imensa multidão, no céu, que clamava: "Aleluia! A salvação, a glória e o poder pertencem a nosso Deus, pois são verdadeiros e justos seus julgamentos: Ele julgou a grande Prostituta que corrompia a terra com sua prostituição e vingou nela o sangue de seus servos!". – **Ap 18,1-4; 19,1-2**

Nos capítulos anteriores tratamos do desenvolvimento econômico e técnico da "cidade" na Bíblia. Referimo-nos à cidade onde Deus escolhe sua morada, a cidade da paz, que também está mencionada na Bíblia. Esta última é o anúncio, aqui e agora, da "Cidade Santa, a nova Jerusalém que baixou do céu" (Ap 21,2), o Reino vindouro e perfeito de Deus... Em troca, a cidade do homem, de Caim, de Nemrod e daqueles reis de Israel que, em lugar de ouvirem a palavra de Deus, puseram sua confiança em cavalos e carros, obviamente não representa um sinal do céu, mas o poder puramente terreno: o poder da opressão. A Bíblia fala da Grande Cidade. Resen é a "grande cidade" (Gn 10,11). Nínive também a representa (Jn 1,2). É a "cidade alegre, que repousava em segurança, a que dizia em seu coração: eu e nada mais" (Sf 2,15).

No Apocalipse (Ap 18) anuncia-se o julgamento de Babilônia, a Grande Cidade. Este julgamento é irrevogável. Os homens podem converter-se, mas a cidade não. A Bíblia distingue entre a forma como Deus nos fala e a forma como se dirige à cidade. A cidade é, como temos visto, uma anticriação, um ambiente de vida artificial em que o homem foge da Palavra de Deus, uma "rameira" que seduz as nações. Converteu-se numa estrutura compulsiva, que não deixa outra opção aos homens, senão a de conformar-se a suas normas e a seus valores. O homem, iludido com a ideia de ser livre, de construir sua própria força, se vê escravizado por sua própria criação.

Nem sempre é evidente que reconheçamos na sociedade onde vivemos – esta chegou a ser uma *sociedade internacional*, "globalizada – a Grande Cidade, isto é, a cidade sem Deus. No final das contas, felizmente há sempre espaços para a liberdade e a humanidade. Entretanto, com frequencia, estas só existem na aparência. Há muita prosperidade que forma parte integral da estrutura opressiva da "grande cidade". Então é fácil deixar-se deslumbrar pelo ouro falso: ouvir a música dos citaristas e cantores, flautistas e trompetistas, a voz da roda do moinho, a atividade industrial (Ap 18,22), mas não "o sangue dos profetas e dos santos e de todos os sacrificados sobre a terra" (Ap 18,24). Deus *ouve o clamor do sangue* que os violentos derramaram sobre a terra (Gn 4,10; cf. o capítulo 3).

O prêmio Nobel da paz, Adolfo Perez Esquivel, da Argentina, disse durante uma visita à Holanda na década de oitenta: "A América Latina é um país de mártires, "terra de mártires". Entretanto, quando converso com políticos na Europa ou América do Norte e lhes pergunto: por que vocês continuam enviando tantas armas para as ditaduras que nos oprimem, torturam e matam, as mesmas que em seu cego afã de poder, organizam matanças e genocídios; eles sempre me respondem: "Se nós não vendêssemos armas, outros o fariam" (sou eu o guarda de meu irmão?); "vivemos num país democrático, portanto não podemos impedir que nossos empresários o façam" (a separação da economia e da política); "não podemos limitar nossa produção militar, já que isso aumentaria o desemprego" (o sistema nos obriga).

Mediante essas respostas (e muitas outras), chegamos a uma conclusão assombrosa: não somos livres! Não temos mais remédio. O sistema nos obriga! – porque, senão, faríamos o jogo da competição. Essa é "a grande cidade". Nela o ser humano já não conta, somente o serviço à cidade. Esta foi endeusada: "Fora de mim, não há ninguém!" Comércio é comércio. As leis da economia são implacáveis. É natural que as melhores possibilidades de investimento tenham sempre a prioridade. Assim se chega à lista das mercadorias (Ap 18,11) organizadas pelo valor, pela vantagem no peso, começando com ouro, prata e pedras preciosas, para finalizar com farinha, trigo, animais de carga, ovelhas e, por último, a mercadoria humana, "almas humanas". O homem *vivo* é a mercadoria mais barata. Já temos chegado a uma fase tão avançada de nosso desenvolvimento técnico, que a bomba de nêutron permite salvar edifícios e bens materiais, matando "tão somente" os seres humanos.

Afinal só existe um modo de nos libertar desse sistema, da Grande Cidade: a fuga! Deus ordena seu povo a fugir dela, como Ló de Sodoma (Gn 19,17). O simples *viver* nesse sistema faz a gente ser cúmplice de sua maldade. A cidade, isto é, o sistema fechado do mundo moderno, é o lugar da maldição. Ela *obriga para o pecado* ("para que não participes de seus pecados"). O sistema é total: tudo abarca; o mundo todo é despojado de sua liberdade. "Saiam dela! Para não serem cúmplices de seus pecados e as pragas os peguem", acrescenta o texto: para que não pereçam em seu julgamento, como as famílias alemãs durante o bombardeio de Dresden no final da Segunda Guerra Mundial, os milhares de libaneses em Beirute em 1982 e tantas vítimas em 2007.

Que postura devemos adotar, partindo de nossa convicção cristã, diante desse depravado complexo militar-industrial que cegamente fabrica seus armamentos, sem ter o menor interesse em saber *quem* são as vítimas, desde que caiam em lugar afastado (contudo a cidade é suficientemente "grande"!)? Esta pergunta não é dirigida somente a alguns cristãos *"especiais"* particularmente ativos, ou dados a criticar a sociedade, como outros que podem ter interesses políticos ou passatempos diferentes. Não, trata-se de uma pergunta que toca a essência da fé cristã. Não somos capazes de entender as palavras de Cristo quando diz: "Eu venci o mundo" (Jo 16,33), se nem sequer reconhecemos este mundo; se achamos poder viver à margem dele, entocados em nossa própria cabana, tenda, carreira, hobby, como também Jonas constrói para si uma cabana, *a uma distância de Nínive*, para contemplar de lá a sorte dos ímpios (Jn 4,5). Porque Nínive *é* o mundo, e é neste mundo que vivemos. Nele não somos meros expectadores. Pelo contrário: *ao escolher o cristão, Deus tem com ele uma proposta: ir a Nínive e pregar.*[1]

---

[1] Jacques Ellul, *Le livre de Jonas*, Paris, 1952. Cf. também o final do cap. 14.

Isso requer de nós um esforço constante para não perder Nínive de vista! Onde está o limite entre a igreja e o mundo? Ou é o mundo que está na igreja? Ou será que o Espírito opera lá onde preferiríamos que não o fizesse, como em Nínive? Porque Jonas não estava de acordo! Acredito que, na economia, a Grande Cidade se encontra lá onde procuram fazer-nos crer que, se todo o mundo luta duramente para realizar sua própria "iniciativa particular" financeira, toda a sociedade acabará por se ajustar! O egoísmo de todos resultará em harmonia para todos".[2] O exemplo das exportações de armamento nos ensina que é *justamente o inverso:* O operário consciencioso ou o gerente exemplar desta fábrica "tão pouco têm culpa" de que seus produtos "caiam em mãos de pessoas equivocadas", de modo que afinal, em vez de satisfazer alguma necessidade humana, acabam por causar a destruição. A lógica da Cidade converte todas as nossas virtudes e boas intenções em injustiça, morte e destruição.

Deste modo adquire mais sentido a pergunta de Caim: "Sou eu o guarda de meu irmão?". Pensávamos que não era assunto nosso. Num de seus cânticos, o poeta holandês Huub Oosterhuis assim se exprime: "Estamos entregues a poderes que superam nossa própria culpa". Um desses poderes é a cidade do homem. Costumamos dizer que o pecado surge do coração, mas aqui é o poder seduzindo o coração (Gn 4,7). Sim, até o justo é obrigado a participar das injustiças. "Mas quem escandalizar a um destes pequeninos que creem em mim", diz o Cristo, melhor é que amarre no pescoço uma dessas pedras de moinho puxadas pelos burros e

---

[2] Cf. também a citação de Ellul sobre a gloriosa "ideologia do crescimento harmonioso", no início do cap. 1.

se afunde no mar" (Mt 18,6). Por isto a cidade será destruída em uma hora só, porque – "Aleluia!" – a salvação, a glória e o poder são de nosso Deus!". *Não* são da cidade, se bem que esta seja exatamente sua pretensão: possuir a salvação, a glória e o poder.

Só Deus tem o poder de livrar-nos dessa cidade. *Não é uma questão de desenvolvimento, mas de libertação.* A cidadania "do céu" que já possuímos (Fl 3,20) faz com que vivamos e trabalhemos na cidade humana como se não fossemos daqui. Devemos *profetizar* contra essa maquinaria de guerra, orar pela cidade e buscar a paz para ela (Jr 29,7).[3]

Os capítulos seguintes vão tratar da vida a partir da expectativa da chegada da cidade futura, como consequencia desta outra cidadania. Porque a atitude de Cristo (Fl 2,5) não pode sequer incidir nos princípios econômicos aos quais estamos aderidos.

---

[3] Voltaremos a este tema no capítulo final.

Parte III

SINAIS

8 | Os dois maiores mandamentos
Honestidade na economia

Honra teu pai e tua mãe para que se prolonguem teus dias sobre a terra que o Senhor, teu Deus, te vai dar. – **Êx 20,12**

Então apresentaram-se a Jesus alguns escribas e fariseus vindos de Jerusalém, e disseram: "Por que teus discípulos desobedecem a tradição dos antigos e não lavam as mãos antes das refeições?". Ele respondeu-lhes: "E vocês, por que desobedecem aos mandamentos de Deus para seguirem sua tradição?". Deus disse: "Honra teu pai e tua mãe e quem amaldiçoar pai ou mãe merece a morte!". Mas vocês ensinam: "Se alguém possui bens com que poderia ajudar os pais, mas diz: consagro isso a Deus, esse está dispensado de honrar pai e mãe!". Assim vocês anulam a palavra de Deus para seguirem sua tradição. Fingidos! Tinha razão Isaías quando profetizou a respeito de vocês, dizendo: "Este povo me honra só da boca para fora, mas seu coração está longe de mim. Vão é o culto que me prestam, pois o que ensinam não passa de preceitos humanos!". – **Mt 15,1-9**

Poucos haverá entre nós que veem logo a relação entre o quinto mandamento[1] e a economia. Esse mandamento serviu,

---

[1] Na tradição católica é mencionado como o quarto mandamento.

particularmente na tradição protestante, para incitar os filhos nas igrejas, nas salas de catequese, como também no seio familiar, a cumprir as ordens de seus pais.

Tratava-se *da* obediência, *da* autoridade, da submissão à *autoridade* paterna, "constituída por Deus". O Catecismo de Heidelberg se referia "em letras pequenas" à Carta aos Romanos (Rm 13,1ss. – interpretação tradicional) sobre a autoridade! Muitos pais não duvidaram em recorrer ao quarto mandamento para fazer respeitar sua vontade.

Não pretendo afirmar que o mandamento "honra teu pai e tua mãe" não tem nada a ver com a "autoridade". No entanto, do que não cabe dúvida, é que a índole dessa autoridade pode diferir consideravelmente das tradicionais interpretações autoritárias que os protestantes (assim como os católicos, cada qual a sua maneira) sustentaram durante muito tempo. De fato estas equivaliam a uma cópia servil dos critérios e conceitos da sociedade secularizada de antanho. Um conhecido "expert" em história econômica demonstrou que a interpretação tipicamente protestante da autoridade tinha muito a ver com o desenvolvimento *econômico*. Quando as duras circunstâncias da economia baseada no trabalho assalariado foram se generalizando, a igreja desistiu de relacionar sua mensagem com essas mudanças *modernas* e injustiças que traziam consigo. Então não lhe restou mais pregação social, senão a da obediência, a da "submissão às autoridades constituídas".[2] A autoridade do pai – seguida pela da mãe – tinha de se haver com seu novo papel de suporte da família. Quando o pai voltava para casa, cansado, depois de haver realizado seu trabalho (importante), não se devia

---

[2] R. H. Tawney, *Religion and the rise of capitalism,* Harmondsworth, 1977 (Pelican Book, p. 152).

causar-lhe mais incômodos, e para isso "uma só palavra" devia ser suficiente.

Está claro que os pais em Israel exerciam autoridade sobre seus filhos. Por esta razão, a obediência formal devida aos pais seria demasiadamente natural, para necessariamente ser incluída no Decálogo. As coisas não eram diferentes nos povos vizinhos. A obediência dos filhos a seus pais era tão natural que Deuteronômio 21, "simplesmente" ordena pena de morte para o filho "que não escuta a voz de seu pai nem a voz de sua mãe", o que serviria de exemplo para todo o Israel (Dt 21, 21). Assim também "aquele que ferir seu pai ou sua mãe morrerá"(Êx 21,15). Sendo tão natural a autoridade dos pais em Israel, que a desobediência podia ser castigada até com a morte,[3] é óbvio

---

[3] Este severo castigo da desobediência filial faz surgir uma pergunta de como se interpretam tais normas. Pinchas Lapide chama atenção sobre alguns princípios fundamentais para a exegese judaica da Torá. Um destes é precisamente "a santidade absoluta da vida cotidiana – princípio que é e continuará sendo a "estrela condutora" de toda a legislação hebraica. Se a transgressão dos mandamentos é imprescindível para defender a própria vida, ou a alheia, não só é permitido, mas obrigatório, quebrar todos os mandamentos, excetuando três: já nos primeiros tempos do Talmude, alguns sábios judeus entendiam que algumas leis eram demasiadamente severas para serem aplicadas, e os castigos de suas transgressões excessivamente duros. Um método utilizado frequentemente para atenuar a dureza era restringir seu campo de aplicação. Assim ocorria, entre outros, no caso do "filho rebelde, indócil" (Dt 21,18), que deveria ser apedrejado, se nenhuma das admoestações e castigos dos pais surtisse efeito. Então os rabinos serviam-se da "arma afiada da interpretação judaica". Excluindo os menores, assim como os jovens que haviam chegado à puberdade (posto que estes já podiam procriar e ser pais, não se podia considerá--los só como filhos"), só restavam três meses na idade do "filho indócil" em que a lei podia ser aplicada, isto é, os primeiros três meses após ter completado treze anos. "Portanto a lei – como consta no Talmude, não sem uma satisfação – praticamente nunca seria levada a efeito, cumprindo unicamente um papel de advertência e dissuasão." Pinchas Lapide, *Mit einem Jude die Bibel lesen,* Munique, 1982.

que ali não se vai buscar a essência desse mandamento. Evidentemente tem um sentido muito mais profundo.

O mandamento "honrarás teu pai e tua mãe" figura no limite entre as duas tábuas em que estão divididos os dez mandamentos. "A primeira tábua nos ensina qual deve ser nossa conduta com Deus; a segunda, o que devemos a nosso próximo" (Catecismo de Heidelberg, domingo 34). A primeira tábua tem relação com o primeiro mandamento: amar a Deus de todo o coração, alma e mente; o segundo trata do amor ao próximo. Os dois mandamentos são *equivalentes* (Mt 22,39), já que "quem não ama não conheceu a Deus" (1Jo 4,8). "Se alguém diz: 'amo a Deus', e odeia seu irmão, é um mentiroso, pois quem não ama seu irmão que vê, não pode amar a Deus que não vê" (1Jo 4,20).

A equivalência de ambos os mandamentos consiste em sua igualdade em importância. É assim como Deus se manifestou em Jesus Cristo: este era sempre o mais humilde. A quem perguntar: como devo amar a Deus?, chama-lhe atenção sobre seus irmãos, de preferência o mais humilde e fragilizado (Mt 25,31-46). Deus mesmo diz que a honra que se lhe tributa não fica "acima" do tributo ao homem; até podemos prestar serviços a nossos irmãos, sem perceber que com isso estamos também rendendo culto a Deus! (Mt 25,40).

A Bíblia *Deus nos fala hoje,* em sua tradução da Primeira Carta de São João (1Jo 4,20), acrescenta entre parêntesis a palavra "tão pouco"; pelo visto se trata do tributo ao homem e "também" do tributo a Deus. E na perícope de Mateus (Mt 15,3) acima mencionada,[4] acrescenta-se igualmente entre parêntesis a palavra "também": não

---

[4] E por que também vocês desobedecem o mandamento de Deus para seguir suas próprias tradições? (Mt 15,3). Uma tradução holandesa diz: Por que transgridem "até" o mandamento de Deus por causa de sua tradição?

só a tradição, mas "também" o mandamento de Deus está em jogo... Entretanto se trata de uma tradução vista do ponto de vista atual! "Também" é redundante, não se trata do segundo mandamento principal, ao lado de "também" ou "até" o primeiro mandamento principal, mas dos dois mandamentos "equivalentes" (Mt 22,38) – tão "grande" é o "maior e primeiro" mandamento.

Pois bem, por que o mandamento sobre os pais constitui o nexo entre a primeira e a segunda tábua da lei? É de fato o fator que as iguala. Portanto o preceito "honra teu pai e tua mãe" deve encerrar um segredo profundo. Isso também está bastante óbvio em Deuteronômio (Dt 27,14-26). Lá está resumida toda a lei sobre a proibição da idolatria e, logo em seguida, sobre o mandamento do amor ao próximo na situação de indefeso. Funciona novamente como elo entre estes: "Maldito quem desonra seu pai ou sua mãe" (Dt 27,16).

Creio que o segredo consiste, primeiramente, nisto: são os pais – isso era de grande importância em Israel – que contam para seus filhos os grandes feitos de Deus. São os pais que hão de falar-lhes sobre Ele, atuando como seu representante. Todos os mandamentos são proibições: "não cometerás", com exceção deste mandamento cuja forma de redação não é negativa, mas positiva: "honra teu pai e tua mãe", como também o lembrar-lhes o dia do sábado (em que tantas coisas *não* são permitidas) é uma forma de vida positiva. É Deus quem escolheu seu povo. Não são seus filhos que o elegem para Ele, mas Ele para seus filhos. *Como tão pouco os filhos escolhem seus pais.*

Como Deus chama seus filhos por seu nome, assim os pais chamam seus filhos por seu nome. São eles que lhes dão um nome. Desempenham um papel decisivo na vida iniciante de seus filhos. Portanto, ao batizá-los, estão cooperando com Deus. Não nos damos *nomes* a nós mesmos; nisso consistiu precisamente o pecado de Babel (Gn 11,4).

João, ao escrever que nosso amor por Deus (a quem não podemos ver) se manifesta através do amor por nossos irmãos (a quem vemos), também neste sentido os pais são um elo especial: são as primeiras pessoas que vemos! O pai ou a mãe representam, por excelência e mais que ninguém, o *próximo*.

Então, em que consiste o significado econômico do mandamento que ordena honrar pai e mãe? Também aqui fazemos uma descoberta surpreendente. Os comentários nos indicam[5] que o dito significado constitui justamente seu núcleo. No pai ou na mãe encontramos o próximo, que aparece em nosso caminho (sem nosso consentimento), como *mensageiro* de Deus, como "anunciador" investido de "autoridade".[6]

Os povos do deserto tinham o costume de abandonar os idosos – que já não eram capazes de valer a si mesmos e prestar serviços à comunidade – no deserto, para esperar a morte. (Todavia existe esse costume em certos lugares, como em tempos remotos existia nas terras situadas ao redor de Israel.) Em Israel, esta prática estava proibida: devia-se respeitar a dignidade e integridade dos improdutivos, débeis, inválidos e anciãos.[7]

---

[5] Por exemplo, Júlio R. Sabanes, *Libres para obedecer. Reflexiones sobre los diez mandamientos,* Buenos Aires, 197, p. 71.

[6] Sobre o próximo como alguém que ocupa um lugar mais elevado, cuja palavra tem autoridade (como no hebraico há um só termo para "palavra" e "mandamento"), cf. os escritos do pensador Emmanuel Lévinas (1906-1995).

[7] A estreita relação entre o pensamento bíblico e a economia moderna, conectados pelo quarto mandamento, é expressada por Leslie Newbigin, nos seguintes termos: "a preocupação cristã para se ater à realidade de Deus no sentido bíblico está no centro da luta pela integridade do homem como homem (pessoa). Uma visão do mundo despojada dela resultará incapaz de oferecer uma garantia para o ser humano. Numa sociedade caracterizada por seu desenvolvimento técnico avançado, o que poderia impedir os 'pla-

Quando o Êxodo diz: "Quem amaldiçoa seu pai ou sua mãe morrerá", não se trata de uma maldição no sentido atual, ou uma palavra grosseira dirigida aos progenitores. Mais adequado seria traduzir o termo "amaldiçoar" por *abandonar na miséria* (Êx 21,17).[8] Este é o sentido das palavras pronunciadas por Cristo (Mt 15). Aqui se trata do *apoio econômico* aos pais que ficaram velhos. Os fariseus interpretavam o culto a Deus em detrimento do apoio aos pais, aos necessitados, aos *decadentes*. "O que de mim poderiam receber como ajuda é oferenda" (Mt 15,5), que dei para a igreja, cedi para a religião, para várias causas boas e importantes, mais importantes que vocês. Aqui se faz uma divisão entre o "primeiro e principal" e o "segundo manda-

---

nejadores' de tratarem os humanos exclusivamente em função de sua maior ou menor utilidade para o plano? Sim, como ouvimos com tanta frequencia hoje em dia, o pensamento deve ser mais funcional do que ontológico (funcional: avalia as coisas conforme sua utilidade para um fim determinado; oposto a ontológico: em que consiste a essência das coisas? – do autor); o que nos separa de um sistema onde o único critério para medir o valor dos humanos, depende de seu grau de utilidade para a sociedade?

Durante a segunda guerra mundial, Hitler mandou seus homens ao famoso hospital Bethel. Sua missão consistia em comunicar ao diretor, o pastor Bodelschwingh, que o Estado não podia permitir-se ao luxo de manter centenas de epilépticos. Como estes não eram de nenhum proveito para a sociedade, constituindo apenas carga pesada para seus escassos recursos, deviam ser exterminados. A única arma do diretor tinha sido garantir que se tratava de homens e mulheres criados à imagem e semelhança de Deus, e que exterminá-los era um pecado contra Deus, que sem dúvida seriam punidos. De que outro argumento teria podido servir-se? E o que dizer do gesto mais característico de nossas sociedades "desenvolvidas": toda atenção fixada nos jovens, enquanto os velhos são desprezados? É a consequencia lógica de uma visão meramente funcional do homem" (Leslie Newbigin, *Honest religion for secular man*, Londres, 1966).

[8] O significado da raiz 'qll' é "privar alguém do que é seu", cf. Êx 20,12; Dt 5,16; Lv 20,9 (*Nueva Biblia española,* rodapé de página em Mateus [Mt 15,4, p. 1474]). Em lugar de "maldizer" optou-se pela tradução "deixar na miséria".

mento", que é igualmente importante. Entretanto tal interpretação é irreconciliável com este mandamento; seu isolamento converte a religião em tradição ancilosada, em homenagem estéril a instituições e práticas religiosas, passando por alto os representantes visíveis de Deus na terra, que encontramos na vida econômica (não há outro lugar). Mas Cristo desmascara essa perversão (tergiversação) da religião: esses "devotos" são hipócritas, acatam os mandamentos sem cumpri-los. Por mais que tenham a boca cheia de palavras piedosas, as citações literais da tradição se convertem de fato em "doutrinas que são preceitos de homens".

Essa classe de pessoas honra a Deus com os lábios, "mas seu coração está longe de mim". Seu coração não está aberto, não pergunta por Deus nem pelo próximo. Um coração fechado, no sentido bíblico, fecha-se perante Deus, como também diante do irmão ou da irmã. "Se alguém que possui bens da terra, vê seu irmão sofrendo necessidade e lhe fecha seu coração, como pode permanecer nele o amor de Deus?" (1Jo 3,17). Porque se nós temos nosso sustento neste mundo, tendo o suficiente para viver, devemos dar a vida por nosso irmão (1Jo 3,16).

Vamos adquirindo cada vez mais a certeza de que o pensamento econômico cristão não conduz a uma economia de crescimento, como a que temos, mas *a uma economia do suficiente*. De outra forma não estaríamos em situação de assistir nosso irmão necessitado, nem de dar tributo a Deus no econômico. O quinto mandamento todo tem a ver com isso. O que, nos círculos do Conselho Mundial das Igrejas se chamou "economia do suficiente",[9] também poderia chamar-se "Honestidade

---

[9] B. Goudzwaard & H.M. de Lange, *Beyond poverty and affluence. Toward an economy of care*, Grand Rapids, 1995.

na Economia". É no âmbito *econômico* onde fica claro se temos espiritualizado o primeiro mandamento de Deus ou se o temos reconhecido como equivalente ao segundo mandamento principal do mesmo Deus: o do amor ao próximo.

9 | Observem os lírios do campo
Produtividade e justiça

Se o Senhor não construir a casa, em vão trabalharão seus construtores. Se o Senhor não vigiar nossa cidade, em vão vigiarão as sentinelas. É inútil levantar-se de madrugada, ou à noite retardar vosso repouso, para ganhar o pão sofrido do trabalho que a seus amados Deus concede enquanto dormem. Os filhos são a bênção do Senhor, o fruto das entranhas, sua dádiva. **– Sl 127,1-3**

E por que ficar tão preocupados com a roupa? Olhai como crescem os lírios do campo. Não trabalham, nem fiam. No entanto, eu vos digo, nem Salomão, em toda a sua glória, jamais se vestiu como um só dentre eles. (...) Portanto, não vivais preocupados, dizendo: "Que vamos comer? Que vamos beber? Como vamos vestir-nos?". Os pagãos é que vivem procurando todas essas coisas. Vosso Pai que está nos céus sabe que precisais de tudo isso. Buscai em primeiro lugar o Reino de Deus e a sua justiça, e todas essas coisas vos serão dadas por acréscimo. **– Mt 6,28-29;31-33**

O quinto mandamento nos ensina, como dizíamos, a aceitar nossa responsabilidade para com nosso semelhante fraco, para com o homem ou a mulher que foi colocado em nosso caminho sem nosso assentimento, mas que determina nossa posição na vida. Ou, com outras palavras, que representa um elemento de "condução de Deus" em nossa vida. Nosso sistema econômico – que chegou a ser um sistema mundial – está organizado de maneira totalmente diversa; é o sistema do *mercado*.

No mercado todo o mundo se organiza sozinho; lá reina o direito do mais forte. Por outro lado, na Bíblia predomina o direito do mais fraco. Emanuel Lévinas, pensador judeu, assim se expressa: o próximo – o fraco, o homem ou a mulher *que me fala de Deus* – é ele o "associado", o "*aliado*" de Deus. Esta é a mensagem da Bíblia; e aqueles cristãos que põem toda a ênfase em sua própria aliança individual com Deus deveriam refletir profundamente sobre essas palavras. A voz do próximo indigente, diz Lévinas, vem do alto. Fala em nome de Deus – tal como os pais em Israel contavam a seus filhos sobre Deus. Conforme vimos, o verdadeiro significado do quinto mandamento – o quarto para os protestantes – está vinculado com a *economia*.

Como é isso?, talvez o leitor pergunte. Será que tudo na vida pode considerar-se "economia"? Esta visão não é muito materialista? A resposta será: basta ler o que a Bíblia diz a esse respeito. Temos chegado frequentemente a "espiritualizar" os relatos bíblicos: isso quer dizer que temos separado a primeira tábua da Lei – amar a Deus – da segunda – amar o próximo. A citação seguinte de Lévinas, ainda que talvez seja algo difícil de entender, também merece nossa atenção: O espírito da Bíblia judaica consiste no fato de que a relação com Deus passe pela relação com os humanos e coincida com a justiça social. Em vez de preocupar-se com a imortalidade da alma, Moisés e os profetas se interessam pelo pobre, pela viúva, pelo órfão e pelo estrangeiro. A relação com o homem, pela qual se realiza o contato com Deus, não é uma espécie de "amizade espiritual", e sim uma amizade que se expressa, manifesta e realiza através de uma economia justa, pela qual todo o ser humano é responsável. "Por

que seu Deus que é o Deus dos pobres não alimenta os pobres?",
pergunta um romano ao rabi Akiba. "Para que possamos livrar-nos
da condenação" é sua resposta. Haverá palavras mais vigorosas para
exprimir a impossibilidade para Deus de assumir os deveres e res-
ponsabilidades do homem?".[1] Até aqui Lévinas.

O pobre, o inválido, existe para nossa salvação. Como "associado de Deus", está em suas mãos abençoar-nos. Alguns de nós
terão experimentado: damos uma esmola a "qualquer mendigo
esfarrapado", convencidos de que vai gastar o dinheiro na bebida
("seguramente não sabe se administrar"), quando ouvimo-lo dizer:
"Deus o abençoe". Aqui falou um "dos irmãos mais pequenos de
Cristo" (Mt 25,31ss.). Isto lhe dava autoridade, com a qual pro-
nunciava a bênção. Certa vez em Buenos Aires bateram a minha
porta. Era uma anciã que estava pedindo um copo-d'água para
tomar um remédio, pois estava gravemente enferma. "Nunca peço
dinheiro", dizia, "embora não tenha ninguém no mundo. Meu filho único, que era advogado, faleceu. O que faço é bater às portas
para me darem algo para comer ou beber". Dei-lhe uma xícara de
chá e, durante a conversa, perguntei-lhe como fazia para sobrevi-
ver. Respondeu-me: "Se Deus dá de comer às aves do céu, como
não cuidaria de mim?". Era uma referência a Mateus (Mt 6,26):
"Veja as aves do céu: não semeiam, não colhem, não recolhem nos
celeiros; e seu Pai as alimenta".

Era uma mulher pobre, falando de Deus; e suas palavras estavam investidas de mais autoridade do que as pronunciadas há pouco
por um pregador estadunidense, do púlpito de uma igreja repleta de

---

[1] Emmanuel Lévinas, "Une religion d'adultes", em: *Dificile liberté*, Paris,
1976, p. 25-41.

gente proveniente dos bairros pobres de Buenos Aires. Havia lá alguma coisa que não estava bem; era como se a pregação tivesse chegado pelo lado errado. Os que podem falar disso com autoridade são os pobres mesmos, "porque deles é o Reino dos Céus". Uma nova tradução espanhola da Bíblia diz assim: "Ditosos os que escolhem ser pobres, porque esses têm a Deus por Rei" (Mt 5,3).[2]

A "igreja dos pobres" da teologia da libertação encerra um sentido muito profundo. De fato, também Calvino considera os pobres como aqueles que, após a Ascensão de Jesus, hão de *instruir* a coordenação da Igreja (referência a Mateus [Mt. 26,11]). "A autoridade" do pobre consiste nisto: sua "palavra" é "bênção".

Não há dúvida: a Bíblia tem outra visão da vida econômica do que a visão que a economia moderna nos impõe. Conforme a doutrinação econômica dominante, não se trata de buscar *primeiramente* a justiça, mas de estimular primeiramente a *produtividade*. Só podemos pensar em nosso próximo se o progresso da técnica o permitir! Primeiro fazer o pastel; depois veremos se podemos cortar alguns pedacinhos para os *repartir*. Primeiro devem aumentar os lucros das (grandes) empresas, depois vai se ver se *sobram* algumas migalhas para dar aos inválidos e enfermos. Felizmente existem em cada país forças políticas para contestar este raciocínio. Não obstante, esta é, na realidade, a lógica do discurso econômico dominante que nos é ensinado.

Produtividade é a palavra-chave. Há meio século, quando se levantaram as primeiras vozes a favor da ajuda ao desenvolvimento internacional, um banqueiro holandês escreveu: "Os Países Baixos não têm nenhuma missão a cumprir nos países subdesenvolvidos.

---

[2] *Nueva Biblia española*, p. 1454.

Nosso país precisa de cada cêntimo para poder acompanhar o ritmo dos avanços técnicos". Parece que nas últimas décadas voltamos a essa fase. Nos países ricos, por influência do neoliberalismo, há cada vez mais partidários do abandono da luta contra a pobreza como objetivo principal da política internacional de cooperação com o desenvolvimento. Conforme esta corrente, o que falta é uma política sensata e realista que primeiramente olhe para os interesses econômicos dos próprios países ricos. Adam Smith, o "pai da ciência econômica", já havia dito: "O homem será totalmente néscio se não investir todo o capital de que dispõe".[3] Antes, já os puritanos ingleses haviam afirmado que, evidentemente, não se pode amar alguém mais do que o senso comum permite – que procura sempre o rendimento máximo. Porque, senão, estarias tão ocupado que não te sobraria tempo para amar a Deus...[4] É preciso "temperar" o amor ao próximo, porque um excesso prejudicaria o amor a Deus! Vimos no capítulo anterior que semelhante Deus *individualista* jamais pode ser o Deus bíblico *que uniu o primeiro ao segundo mandamento na economia.*

Produtividade? O cântico de peregrinação de Salomão (Sl 127) diz: "Se o Senhor não construir a casa, em vão trabalham os construtores". É realmente tão importante tornar-se rico, e somos realmente insensatos se não aproveitarmos todos os nossos meios econômicos para alcançar esse objetivo (Adam Smith)? Acaso não é bom acumular uma fortuna para deixá-la em herança a nossos filhos? O Salmo 127 diz precisamente o contrário. A herança são os próprios filhos. Uma "herança do Senhor" *para que se possa cum-*

---

[3] Adam Smith, *The wealth of nations,* Everyman"s Library, Londres, 1946, p. 249.

[4] Tawney, *Religion and the rise of capitalism*, p. 24.

prir o quarto mandamento, o da "Honestidade na Economia" (cf. capítulo anterior). Como uma "recompensa" ou, como diz a *Nueva Bíblia Española*, um *salário*, é "o fruto das entranhas" (Sl 127,3). Busquem primeiramente o Reino e sua justiça. Isto é diametralmente oposto às opiniões vigentes em nossa economia moderna. Por isto as ideias dos pensadores protestantes, como as do químico e teólogo leigo C. J. Dippel (1902-1971) e as de Jacques Ellul, que refletiam sobre a *religião e a sociedade moderna*, foram tão radicais. A economia moderna perdeu o norte por sua ilusão de funcionalidade. A palavra "ilusão" quem usa é Martin Buber para sua tradução de "em vão" do Salmo 127.

O grande economista John Maynard Keynes (1883-1946), num ensaio onde faz referência a Mateus (Mt 6), chamou atenção sobre nosso afã doentio da funcionalidade. Estamos obsessionados pelos sacrifícios do futuro, isto é, preocupados com o futuro. Por exemplo, somos incapazes de desfrutar de uma coisa tão simples como nosso gato brincalhão, sem ter de pensar em seguida num meio para criar mais gatos e aumentar a capacidade de reprodução de gatos.[5] É preciso organizar o futuro! Na Bíblia, porém, "as coisas de que nosso Pai celeste sabe que temos necessidade", simplesmente, "nos serão dadas por acréscimo". Se pusermos em prática a "Honestidade na Economia", *nossos dias serão prolongados*. Um conceito de bem-estar em que a vida ocupa o lugar central: uma velhice abençoada! Ou seja, nossos dias serão mais longos e terão mais conteúdo, mais sentido, mais bênção.[6] E isso "na terra que o Senhor, teu Deus, te vai *dar*", em vez de

---

[5] John Maynard Keyne, "Economic possibilities for our grandchildren", em *Essays in persuasion,* Nova York, 1963, p. 370. Uma citação deste ensaio forma o epílogo do presente livro.

[6] Pablo R. Andiñach, *El libro del Êxodo,* Salamanca, 2006, p. 333.

ir *conquistar* um país distante, como antigamente os países europeus se apoderaram das colônias, para maior grandeza de suas metrópoles.

O Sermão da Montanha, que começa com "ditosos os que escolheram ser pobres", tem mais coisas para dizer, antes que Cristo passe a falar das aves do céu e dos lírios do campo. Ele nos ensina uma oração. "Dá-nos hoje o pão de cada dia" (Mt 6,11). Para os economistas modernos, esta oração talvez seja o texto mais absurdo de toda a Bíblia. Nós chamamos esses economistas de "filósofos do pão cotidiano",[7] se bem que sua filosofia da produtividade é bem diferente. Na opinião deles, nós obtemos o pão graças a nossos próprios investimentos produtivos (a não ser que seja mais "racional" conseguir outros produtos às custas do cultivo de alimentos...).

Entretanto não é que também Cristo se afasta aqui de sua exortação, de que não devemos preocupar-nos com nossa subsistência? Em que pese a todos, devemos nos preocupar com nosso pão cotidiano, como parece ensinar-nos esta oração especial? Uma tradução muito mais acertada do dito versículo do Novo Testamento seria: "Nosso pão *de amanhã* – dá-nos hoje.[8] (Aliás, que o pão constitui

---

[7] Robert L. Heilbroner, *De filosofen van het dagelijks brood,* Amsterdam, 1955 (título original: *The wordly philosophers,* Nova York, 1953).

[8] Pierre Bonnard, *Evangelio según Mateus,* Madrid, 1976, p. 136. A palavra "cotidiano" no Pai-nosso aparece somente uma vez em grego no Novo Testamento. Por isto não se pode fazer uma comparação com outros lugares. Existem dois significados alternativos desta palavra: "necessário" e "da manhã". A *Nueva Traducción de la Biblia* para o holandês de 2004 diz: "Dá-nos hoje o pão de que necessitamos"; de todas as três possibilidades, essa é a mais trivial! Bonnard observa que "a manhã" poderia ser o mesmo dia (se a oração é feita de manhã) ou o dia seguinte (se é feita à noite), ou o último da do julgamento. "Esta última alternativa nos parece mais acertada neste contexto, e poderia tratar-se tanto de uma oração que pede força física para subsistir nas últimas provas que esperam os discípulos, como do pão necessário para o banquete messiânico no Reino."

uma necessidade *cotidiana,* nosso Pai celeste já o sabe.) Contudo, *viver conforme a Palavra*, caminho do Reino, é: basear nossa segurança em sua promessa de futuro. O Pai-nosso é a oração pela vinda do Reino, quando já não se come o "pão do trabalho" (Sl 127,2), mas se partilha o pão e o vinho conforme a necessidade de cada um. Hoje podemos viver sem nos preocupar, porque temos a promessa de que o pão de *amanhã* nos será dado. Para Mateus, "manhã" também é: o fim dos tempos, quando a comunidade messiânica será testemunha do triunfo definitivo deste Reino. Também o Sermão da montanha é um canto de peregrinação!

10 | *Abundância depois da partilha*
A comunidade missionária

Ao cair da tarde, os discípulos se aproximaram dele, dizendo: "Este lugar é deserto e já é tarde. Manda o povo embora, para que possam ir às aldeias comprar comida". Jesus lhes respondeu: "Não precisam ir. Vocês é que devem dar-lhes de comer". – **Mt 14,15-16**

Jesus chamou os discípulos e lhes disse: "Tenho pena deste povo: faz três dias que está comigo e não tem o que comer. Não quero mandá-los para casa em jejum, para não acontecer que desfaleçam pelo caminho". – **Mt 15,32**

Ao atravessarem para a outra margem do lago, os discípulos se esqueceram de levar pão. Disse-lhes Jesus: "Atenção! Tomem cuidado com o fermento dos fariseus e saduceus!". Os discípulos começaram então a dizer entre si: "Ele disse isso porque não trouxemos pão". Conhecendo seus pensamentos, disse-lhes Jesus: "Homens fracos na fé! Para que ficar falando entre si que não têm pão? Ainda não entenderam? Não se lembram dos cinco pães para os cinco mil homens? Quantos cestos vocês encheram com as sobras? Nem dos sete pães para aqueles quatro mil homens e dos cestos cheios de sobras que vocês recolheram? Como é que não percebem que eu não estava falando de pães quando lhes disse: "Tomem cuidado com o fermento dos fariseus e saduceus?". – **Mt 16,5-11**

Em Marcos e Mateus, a narrativa da "multiplicação dos pães" aparece duas vezes. Conforme alguns comentários superficiais, trata-se de uma repetição. O evangelista daria tanta importância ao relato que o contaria mais uma vez... Entretanto, ao ler detidamente Mateus (14-16) e Marcos (6-8), fica claro, sem comentário, que não se trata de uma repetição. Há nestas narrativas – como nas páginas precedentes, intermediárias e seguintes – como que uma linha cheia, da qual podemos dizer muito mais do que permite este espaço. Portanto somente alguns aspectos serão tratados em continuação.

Trata-se novamente da "economia": o pão cotidiano. No capítulo anterior temos formulado a pergunta sobre se isso não é uma aproximação "materialista". Entretanto, quando a Bíblia menciona o "pão", ela o faz em alusão Àquele que nos deu. Doroteia Sölle cita Lutero: "Quando falas do pão de cada dia e pedes por ele, rezas por tudo o que é necessário para obtê-lo e desfrutar dele, suplicando ademais que sejas libertado de tudo o que impede. Por isso deves sensibilizar apropriadamente teu pensamento, desligando-o não somente do forno ou do saco de farinha, mas também do vasto campo (agrícola) e do país inteiro, que leva e produz nosso pão cotidiano, como todo o tipo de alimentos. Porque se não fosse Deus fazer crescer o trigo, abençoando-o e guardando-o para nós no campo, jamais poderíamos tirar um pão do forno ou colocar um sobre a mesa".[1]

Também na prodigiosa multiplicação dos pães (um termo que não figura na Bíblia, mas que os tradutores agregaram), trata-se de um assunto inteiramente espiritual. Nossa atitude com respeito ao pão coti-

---

[1] "Nosso pão cotidiano dá-nos hoje. Pão, autoridades e nosso desejo de paz", conferência radiofônica na data da comemoração de Martin Lutero (1483-1546) em 1983.

diano, a forma como o repartimos ou o tiramos da boca de nosso próximo sempre revela, conforme a Bíblia, uma atitude espiritual. Sempre se trata de algo mais que pão somente. Como na Última Ceia, Cristo ensina seus discípulos na "prodigiosa" multiplicação dos pães a repartirrem, a formarem uma comunidade encabeçada por ele mesmo. Cristo mesmo dá as instruções, pondo seus discípulos em condições de repartir o pão, de tal modo que a multidão fique *saciada*, como também serão saciados os que têm fome e sede de justiça (Mt 5,6).

Estamos aqui diante da plenitude da presença criadora de Deus. Supõe-se que, com os "cinco pães e os dois peixes", o evangelista faz referência aos cinco livros de Moisés e às duas tabuas da Lei. A Palavra de Deus é o apoio dos discípulos; ela lhes dá vida; ela os ensina a *compartilhar. Cinco mil* pessoas: quer dizer, todo o Reino de Israel pode viver *em abundância* nesta terra, desde que viva em conformidade com os cinco livros da Torá; "doze" (as doze tribos) cestos de pedaços sobram, *depois* que todos ficaram saciados (Mt 14,17-21).

Nesta comunidade messiânica que se deixa guiar e curar pela Palavra de Jesus, a "economia" é entendida e "trabalhada" de maneira muito significativa. O assim chamado aspecto "material" é amplamente atendido, e os evangelistas querem demonstrar como ele se efetua. Quando, ao entardecer, a multidão ainda está com Jesus, os discípulos se mostram nervosos e querem que o povo vá embora para se passar à ordem do dia: eles não têm de comprar comida nas tendas vizinhas antes que se fechem? Logo começa a doutrinação de Jesus: Como conseguir tanto pão? É impossível que a comunidade de Jesus diga, depois da pregação, na hora de comer: agora todo mundo se "vire" sozinho. Isso não é hospitalidade! Quando os discípulos se perguntam assombrados: de onde vamos tirar semelhante quantidade de alimentos? Jesus explica que a partilha precede a produção. É o exercício da comunidade, a partilha, que produz o bem-estar, e não o contrário, como os economistas modernos não se cansam de fazer-nos acreditar. Não é que existam primeiramente doze cestos, dos quais cada um pode servir-se um pedacinho. Primeiro se reparte com grandes expectativas. *Os doze cestos sobram*, depois que se realizou a economia da partilha.

E a partir de que se efetua esta partilha? Não das "forças de produção" que a "propriedade particular" deve tirar da natureza, mas da mesma graça de Deus. Como um pai de família judaica, Jesus toma o pão, pronuncia uma *oração de ação de graças* e parte um pedaço para cada pessoa que participa da ceia. Assim ninguém fica sem comer. A riqueza material que sobra não é um objetivo em cujo altar se teria de sacrificar sua existência cotidiana, mas uma manifestação da graça de Deus, que se dá por "acréscimo", uma "doação extra" (Mt 6,33), quando a dita existência cotidiana é encaminhada para buscar a justiça do Reino de Deus, para levar à pratica o ensinamento de Cristo. Aqui o sentido do Evangelho, com respeito a nossa economia moderna, torna-se claro, sem equívocos. Todo o nosso sistema econômico está organizado de tal modo que contribua para aumentar a produtividade. Nem podemos alimentar a população mundial, assim se diz, se não dermos renda livre primeiro às empresas multinacionais, com seu tremendo potencial de produção. Só *aumentando* mais rapidamente a produção se pode proceder à partilha, a partir da riqueza produzida *adicionalmente*. Deste modo, o *crescimento* cobra o significado de: *não poder repartir*.

Também a religião vem em segundo plano, já que no fim das contas custa dinheiro. As igrejas devem ser mantidas, e alimentadas as bocas dos pregadores e curas, assim como de outros membros "improdutivos" da sociedade. Disto os empresários se ocupam. A produção precede a religião. Pelo menos este era o significado das palavras de um representante dos empresários holandeses, anos atrás, num debate com uma delegação do Conselho Mundial de Igrejas. Esta havia se reunido com o empresariado para estudar a questão da justiça, com respeito aos investimentos neerlandeses no apartheid da África do Sul. "Você nem sequer poderia estar sentado aqui, se nós, os empresários, não nos tivéssemos encarregado de buscar seu pão de cada dia, para que agora lhe sobre tempo para vir falar sobre 'política'"...

Contudo a crise mundial da alimentação não permite outra solução que não seja a primeira partilha dos recursos econômicos. Há pouco tempo um artigo de imprensa dizia: "A África tem êxito na luta contra a pobreza". Conforme o Banco Mundial, na última década, dezesseis países registraram uma média anual de crescimento superior a 4,5%. O artigo termina com a notícia de que a Organização para a Agricultura e Alimentação (FAO) dá o grito de alarme sobre o incremento da *fome* no mesmo período. Um comitê inglês[2] de assessoria avaliou as implicações de semelhante taxa de crescimento macroeconômico de 4,5%, não para os que participam do desenvolvimento, mas para os que ficam à margem. Mesmo que se trate de um critério muito arriscado, geralmente se considera que os mais pobres são os que mal conseguem viver com menos de um dólar por dia.[3] Os chamados "objetivos do milênio" da ONU aspiram reduzir

---

[2] New Economics Foundation, *Growth isn't working,* Londres, 2006.

[3] Conforme as estatísticas, trata-se de mais de um bilhão de pessoas (2001). Esta cifra está diminuindo a partir de 1981. Estima-se que a renda média per capita deste grupo era de 56 cêntimos de dólar. Se fixarmos este limite em dois dólares por dia, trata-se de 2,7 milhões de pessoas; este número *aumentou* a partir de 1981, de 2,4 milhões em 1981, até 2,7 milhões em 2001. A média de "entradas" deste grupo de pessoas é de 91 cêntimos de dólar (conforme os dados do informe: G*rowth isn't working*, p. 14).

pela metade em 2015 o grupo citado, comparando-se com o ano de 1990, através do "motor de crescimento econômico". Não obstante, conforme os cálculos do comitê assessor, o grupo dos mais pobres irá se beneficiar só com 0,6% deste crescimento. Além disso, os pobres terão de pagar uma parte desproporcionada dos custos do dito crescimento, devido à degradação climática e do meio ambiente. A terra conta com 11,5 milhões de hectares de áreas produtivas (terras de pasto e lavoura, bosques, lugares de pesca e terrenos úmidos). Vivem na terra 6,4 milhões de habitantes. Disso haveria 1,8 hectares de "terra produtiva" per capita. Entretanto o europeu utiliza 4,7 hectares: o dobro desde 1961. Na Europa, se encontram 2,3 hectares desta cifra, ou seja, mais da metade da "marca ecológica" do europeu se faz sentir fora de seu continente.[4] A faixa ecológica deixada por cada estadunidense – particularmente no Terceiro Mundo – é o dobro. Entre 1961 e 2001, esta carga sobre o meio ambiente dos países ricos aumentou em 68%; nos países pobres o aumento foi de 7%, enquanto desde 1981 a dita porcentagem vem diminuindo. Em 2001, o uso da terra per capita nos países pobres foi de 1,5 hectares: abaixo da média mundial e muito inferior às terras disponíveis nos países do Sul, das quais uma parte substancial é explorada pelo Ocidente.

Na América Latina, como em muitos outros países do Terceiro Mundo, a *distribuição* de terra, a necessidade de realizar uma reforma agrária, é imprescindível para o desenvolvimento da economia; e isso é, sem dúvida, uma demanda de *justiça*. Se nos dedicarmos em primeiro lugar a buscar esta, todas as demais coisas "nos serão dadas por acréscimo" (Mt 6,33). Entretanto, se não

---

[4] Cf. Ezequiel 34,18: "Parece-lhes pouco colher em bons pastos, para que pisem com os pés o resto de seus pastos?". Cf. o capítulo 16.

dermos prioridade à justiça, a opressão exercida pela polícia e pelas forças armadas jamais cederá, de modo que continuará vigorando nossa vergonhosa organização social.

Na comunidade de Cristo, se trata do cuidado do próximo. Nessa multidão de cinco mil pessoas não se pergunta se todo mundo obedece aos mandamentos do sistema tradicional, como a obrigação de se lavar as mãos na hora de comer (Mt 5,2;20). Lá, Jesus mesmo tem autoridade direta, sem intervenção humana. "É a igreja que sabe ensinar ao mundo o que significa aquela *outra vida*."

Não é por acaso que a segunda "prodigiosa" multiplicação dos pães – que para Cristo nada tem de prodigiosa, já que concorda com a lógica do Reino que vem ensinando a seus discípulos – tenha lugar em terra de gentios, em Decápolis (Mc 7,31). Portanto, trata-se de "terra de missão". Esta é a hora da verdade. Os discípulos irão se preocupar de novo com a gente? É uma pergunta emocionante; pelo visto, em Mateus (Mt 14,15), eles agiram convencidos de sua própria impotência (ou falta de vontade), "embrulhada" numa pergunta bastante cômoda: essa gente não tem de comer? Ou seja, não tem de ir embora?

Em Mateus (Mt 15, 16ss.) é *Cristo mesmo* que tem de tomar a iniciativa, posto que, na segunda vez, os discípulos nem sequer perguntam! "Já faz três dias" que a multidão permanece neste lugar inóspito, fora de Israel (de seu povo), totalmente absorta na palavra de Cristo. Ele sente "compaixão" do povo; esta palavra não se refere aqui a um sentimento, mas ao ato de prestar assistência *de fato*. Jesus chama seus discípulos; agora é ele quem lhes pergunta: como fazer? E constata que os discípulos se esqueceram por completo da multiplicação anterior, ou talvez pensam que isto só é possível ou admissível em Israel. Mas Jesus ensina claramente; agora são *quatro mil* pessoas que precisam comer.

Isto é uma alusão aos quatro pontos cardeais, o mundo inteiro. E, dos pedaços que sobraram, recolheram "sete" cestos cheios, e mais os "doze" recolhidos em Israel. Na Bíblia, sete é o número da perfeição, da presença de Deus.

Aqui se trata mais do que pão somente. Viria um terceiro ensinamento, a advertência contra "o fermento dos fariseus e saduceus", os perseguidores da igreja. Em Marcos (Mc 8,15) está escrito "o fermento de Herodes" – ele que pouco antes havia mandado decapitar João Batista (Mc 6,14-29). Os discípulos se esqueceram de levar pão. Haviam aprendido a lição? Ou é porque sua primeira ocupação continuava sendo a satisfação de suas próprias necessidades imediatas? Porque assim interpretam a advertência de Cristo contra o poder ameaçador dos fariseus. Entretanto sua preocupação devia centrar-se em algo muito distinto. A sociedade está impregnada do fermento hostil a Jesus; esta influi no rosto *espiritual* do sistema social, religioso e político vigente. "Então compreenderam: ele não quis dizer que se guardassem do fermento dos pães, mas da doutrina dos fariseus e saduceus" (Mt 16,12).

11 | Ninguém pode servir a dois senhores
Riqueza e amizade

Disse ainda aos discípulos: "Havia um homem rico que tinha um administrador. Este foi acusado perante ele de dissipar seus bens. Chamou-o então e disse-lhe: "Que é isso que estou ouvindo a seu respeito? Preste contas de sua administração, porque você não pode mais administrar". O administrador pensou: "O que vou fazer, já que meu senhor retira de mim a administração? Para ser lavrador, não tenho saúde... Ficar mendigando, sinto vergonha... Ah! já sei o que vou fazer, para que, despedido da administração, me acolham em suas casas". Chamou um por um os devedores do senhor e disse ao primeiro: "Quanto você deve a meu senhor?" Respondeu: "Cem barris de azeite". Disse-lhe o administrador: "Tome sua fatura, sente-se depressa e escreva: cinquenta". Depois disse ao outro: "E você, quanto está devendo?" "Cem sacos de trigo, respondeu". E disse o administrador: "Tome sua fatura e escreva: oitenta". E o proprietário louvou o administrador desonesto por ter agido assim com tamanha inteligência. Porque os filhos deste mundo são mais inteligentes que os filhos da Luz, no trato com seus semelhantes. Pois eu lhes digo: Façam amigos com o dinheiro desonesto, a fim de que, quando ele faltar, os recebam nas moradas eternas. **– Lc 16,1-9**

Aqui está um tema autenticamente econômico. Havia um senhor, assim reza o versículo em grego, que tinha a seu serviço "um economista", um homem que se encarregava de administrar seus bens. Provavelmente este senhor apenas se ocupava de seus bens, já que a isso dedicava-se o administrador. Teria talvez sua residência na cidade, como em pleno século XX muitas famílias espanholas tinham suas fazendas no México. A única coisa que lhes lembrava a existência de tais possessões era seu saldo bancário, que se mantinha estável. Pois bem, o senhor da narrativa ouvira dizer que seu administrador estava malbaratando sua fazenda. Este tinha um emprego lucrativo. Ocupava, dentro do sistema econômico vigente, uma posição de poder que parecia oferecer *segurança para o futuro*. Nisto havia colocado suas esperanças. Que fazer, agora que seu senhor decidira tirar-lhe a administração? Recorre à "falsificação" de algumas notas promissórias – esta é a interpretação frequente do texto, sobretudo nos círculos protestantes. A um devedor permite escrever 50 em vez de 100; a outro 80 em lugar de 100. É daí que o relato leva o título de "administrador infiel", posto que ele opera em detrimento dos interesses de seu senhor. Conforme a dita versão, o administrador "compra" a benevolência dos devedores, que, agradecidos, logo estarão dispostos a sustentá-lo.

Ainda que o último seja o certo, a "teoria da falsificação" o é menos. O administrador simplesmente resolveu desfazer o que se pode qualificar como injustiças de sua parte contra os devedores. Esta suposição, que o administrador simplesmente perdoava aos camponeses os lucros abusivos que quisera extorquir deles para seu próprio benefício, é evidente. A lei judaica tinha proibido cobrar juros. Em vez de se cobrar em separado, eram acrescentados à soma principal, prática que também é comum hoje em dia em muitos países em vias de desenvolvimento. Tomava-se emprestado 50 para logo reembolsar 100, ou seja, incluído um lucro de 100% – frequentemente por um período de menos de um ano; assim também um lucro de 25% sobre uma soma emprestada de 80, até uma dívida de 100.

Porcentagens tão altas – e ainda muito mais – são comuns nesse tipo de relações: o devedor precisa de grãos para a semeadura e provisões para seu sustento, como está passando por apertos financeiros, não tem mais remédio, senão aceitar a oferta do usurário, na esperança de poder devolver-lhe o empréstimo com os lucros da colheita. Portanto, os amigos que o administrador faz são pobres. A parábola enfatiza que o dinheiro cobrado por este, dentro do sistema da *Mamona*, o deus dinheiro, é dinheiro obtido injustamente.

Jesus se expressa energicamente: Quem busca suas vantagens na economia centrada no dinheiro, cedo ou tarde, irá participar de suas injustiças. A idolatria (como o culto à *Mamona)*, por definição, caminha lado a lado com a injustiça. É daí que a mamona se chama: "mamona da injustiça", "mamona injusta". E o administrador: "administrador da injustiça", "mordomo injusto". Aqueles economistas que perderam a capacidade de ver, a não ser através do dinheiro, são "economistas da injustiça". Por essa razão, Ellul previne contra a cômoda interpretação "protestante" da "mordomia" que passa por alto a queda descrita no Gênesis (Gn 3,1ss.). Não vivemos mais no éden como seres humanos que eram "selos de perfeição" de uma obra-prima, "cheios de sabedoria, acabados em beleza" (Ez 28,12-13; 2,1ss.). Todos nós, na hora de lidar com dinheiro, somos de fato economistas da injustiça. A riqueza não é "neutra". Frequentemente o conceito de "mordomia" representa uma cômoda teoria piedosa, que no melhor dos casos cobra o significado de um suposto "direito divino" ao paternalismo, mas que de fato degenera logo em pretexto para possuir riquezas *in*justas.[1]

---

[1] J. Ellul, *L'homme et l'argent*, Lausanne, 1979, p. 35.

Entretanto a missão bíblica consiste precisamente em lidar com os bens perversos e ilícitos.[2] Portanto a lealdade no lidar com tais bens não é a consequencia lógica dos mesmos; o que se precisa é de um pensamento contra a corrente, aquele que podemos obter se buscamos primeiro outros tesouros "que nem a traça e a ferrugem consomem" (Mt 6,19). A manipulação do dinheiro não é outra coisa senão uma prova de honestidade para manipular "o verdadeiro" (Lc 16,11).

O dinheiro é um bem alheio (Lc 16,11). Conforme a teoria econômica, representa o direito de se dispor de bens ou serviços, de ser administrado por outros. Se dermos um significado independente ao dinheiro, como se tivesse vida em si e por si mesmo, acabamos por render-nos ante sua injustiça inerente, feito matéria. Pois é desta maneira que ele chega ate nós na economia moderna. Por esta razão, nós como o administrador de terras, obsessionado pelo dinheiro (Lc 16,9), somos "economistas da injustiça". A verdadeira vida cristã tem lugar no ponto de intersecção entre a vida neste sistema baseado na injustiça e a vida *nova*, baseada na fé em Cristo (Lc 16,12): "quem lhes dará o que é seu?".[3] Esta vida cristã não pode ser dividida em duas esferas separadas que nos permitam servir a dois senhores (Mt 6,24) – portanto um cristão nunca pode se desentender quanto à questão do dinheiro. Sua missão consiste em manifestar a soberania de Deus sobre o dinheiro; mas isto não é possível, a não ser pela fé.[4]

Aqueles que pensam em termos de dinheiro e para o dinheiro, os "economistas da injustiça", como se diz em Lucas (Lc 16,8), não tardarão em perder de vista também os limites da lei. Não é de se estranhar

---

[2] *Ibid.*, p. 127.

[3] A *Biblia de Jerusalén* anota aqui outra leitura para "nosso": "trata-se de bens espirituais, os quais podem, sim, pertencer ao homem".

[4] Ellul, *L'homme et l'argent,* p. 128.

que o administrador da narrativa tenha transgredido a proibição de cobrar juros.[5] O juro representava para ele um benefício pessoal, ao que agora ajuizadamente renuncia. Este é o significado da parábola.

O Senhor elogiou o administrador desonesto, porque este havia agido "com habilidade", dizem várias traduções. Em várias edições, o texto leva por título "o administrador astuto" por se haver livrado com astúcia de um assunto duramente espinhoso. Entretanto esta tradução prejudica seriamente a mensagem que Lucas nos quer transmitir. Em primeiro lugar, o texto não diz "administrador desonesto", mas "administrador da injustiça". Não era desonesto em absoluto, como acabamos de ver. Daí que o Senhor não o acusa, de maneira alguma, de novas irregularidades (as malversações referidas em Lucas 16,2 não voltam a ser mencionadas; não têm importância para a parábola). Em segundo lugar, não se trata de uma artimanha, com a qual o mordomo saiu-se bem do apuro. O texto original não fala de um adminis-

---

[5] A questão fundamental que perpassa pela parábola do administrador injusto é: qual a relação entre a lei humana e a lei divina? Se bem que a Torá tenha proibido, cobrar juros era uma prática arraigada entre os judeus. Os fariseus obedeciam ao pé da letra aos preceitos da Torá, mas também "gostavam do dinheiro" (vers. 14). Por isso haviam inventado um artifício. Seu raciocínio era o seguinte: Deus proibiu a cobrança de juros para proteger o pobre contra a exploração. Portanto é ilícito cobrar juros a um devedor, em forma de bens sobre os quais este não pode dispor. Entretanto não existe objeção em facilitar um empréstimo gerador de juros em forma de bens que o devedor manipula diariamente. Posto que em cada família sempre se encontra *algo* de azeite e *algo* de trigo – visto que se trata de necessidades diárias – um empréstimo de azeite ou trigo não transgride a lei. Desta maneira – apoiando-se na letra das leis – pensavam manter seus princípios (Duncan & M. Derret, *Law in the New Testament,* Londres, 1970). Ao falar da impossibilidade de servir a Deus e ao dinheiro (com seu sistema jurídico feito pelo homem), Cristo se refere a este contexto econômico. O que prega é fidelidade, também no "pouco" (Lc 16,10; Mt 25,21).

trador "astuto", mas "sábio", "prudente". Sua sabedoria consistiu em haver encontrado uma solução para o problema, fora da lógica do sistema da mamona (dinheiro). Não só por aplicar-lhe uma correção (renúncia ao lucro abusivo), mas também por cifrar suas *esperanças* na humanidade dos camponeses pobres, em lugar da mamona. Repara as relações humanas que estavam ocultas atrás do afã do dinheiro, conforme Timóteo (1Tm 6,10), "a raiz de todos os males". Tal escolha é qualificada de "sábia" por Lucas, o mesmo qualificativo usado na Parábola das dez virgens (Mt 25,1-12) e que também figura, entre outras passagens, em Coríntios (1Cor 4,10: "vocês sábios em Cristo").

Em vez de dedicar-se novamente à acumulação de dinheiro, o administrador baseia sua futura segurança em fazer amigos (melhor ainda se tivesse guardado um dinheirinho para quando fizesse falta, fruto de suas manipulações contra os interesses de seu senhor e dos arrendatários). Obviamente, houve também um elemento de "habilidade"; entretanto, era *sabedoria* mais que tudo. O administrador não tinha nenhum tipo de segurança quanto ao resultado de seu procedimento; não era um negócio redondo. O que Jesus quer dizer é que o homem, sabiamente, resolveu mudar de rumo. Por mais astuciosa que a jogada do administrador pareça ser, objetivamente falando, escolhe outro caminho, um caminho mais *promissor*. Os camponeses deixaram de ser vítimas da exploração; seu antigo credor entra com eles em um novo relacionamento, que encerra insegurança, mas também promessa. O dinheiro que antes fora causa de separação, agora se inverte em fazer amizades.

Esse dinheiro já não representa uma tentação de *avareza*, o afã de adquirir cada vez mais riquezas, converteu-se num meio inofensivo para melhorar as relações humanas. O dinheiro, o deus dinheiro, está sendo *dessacralizado,* profanado pelo administrador. "Desta maneira o dinheiro se reduz a seu humilde papel de instrumento material. Quando o dinheiro tiver deixado de ser mais que um objeto, despojado de sua influência sedutora, seu alto valor, seu brilho sobre-humano, então podemos utilizá-lo como qualquer móvel ou ferramenta".[6]

O senhor felicita seu administrador despedido, por haver agido judiciosamente; é de se supor que ele teria agido da mesma maneira. Agora bem, se os filhos deste mundo, os participantes do sistema da "mamona", são capazes *entre eles* de conseguir com bom-senso seus benefícios *mútuos,* com mais razão os filhos da luz terão motivos para fortalecer seus vínculos de *amizade* ("filhos da luz" é uma "autêntica expressão hebraica com o significado de: pessoas que operam com claridade plena"). Por isto, disse Jesus: não usem o dinheiro – que de uma forma ou de outra está relacionado com a injustiça – conforme a lógica da avareza, isto é, no afã de acumular bens terrenos, na obsessão de ocupar cargos de poder econômico, mas para criar relações humanas, baseadas na amizade, para que os pobres, cuja amizade se ganhou, logo que chegar a faltar o instrumento chamado dinheiro, deem-lhes as boas-vindas nos céus. Na passagem seguinte, "o homem rico" chama o "pobre lázaro" para que alivie os tormentos que deve padecer como castigo (Lc 16,24). Esses pobres são os representantes de Jesus (Mt 25,31-46); deles é o Reino de Deus (Lc 6,20). Estarão na porta do Reino dos Céus (Lc 16,9), para dar as boas-vindas aos que em vida amontoaram os verdadeiros tesouros (Mt 6, 19-21).

---

[6] Ellul, *L'homme et l'argent,* p. 144.

Todos temos de nos haver com o dinheiro injusto; é preciso que saibamos conservar nossa fidelidade, precisamente quando se trata do mínimo, de coisas que estão a nosso alcance (Lc 16,10-12). O dinheiro que conseguimos com nossas atividades não deveria ser considerado, de algum modo, um bem alheio (sempre que nossa avaliação econômica tenha a devida profundeza)? E lá, onde não só no *emprego*, mas também na *aquisição* do dinheiro, se tivermos demonstrado fidelidade pessoal (o sistema econômico em conjunto, com suas muitas injustiças inerentes, próximas e remotas, não pode mudar da noite para o dia), também lá, diz Calvino, o dinheiro é um bem pertencente ao outro. Nossas rendas são uma bênção de Deus.

Isto é diametralmente oposto à teoria do liberalismo, que diz: o que você "ganhou" lhe pertence; acaso isso não é o fruto de seu próprio esforço? Mas Calvino diz o contrário. O trabalho deve ter *sentido* em si mesmo, honrar a Deus, ser em benefício do próximo, manter e desenvolver um estilo de vida cristão. Se vivermos assim, descobriremos que nossa prosperidade não é um "objetivo", fruto de nosso próprio esforço, mas simplesmente um complemento, uma gratificação. A prosperidade não pode ser planejada ou assegurada: é isso que nos promete a "mamona", sem cumprir jamais o essencial.

O importante é reparar e garantir as relações humanas, também se isto significar precisamente uma correção às leis em vigor, como no caso da cobrança de juros. Por exemplo, por certos motivos, os doutores judeus da Lei permitiam que um marido despedisse sua esposa com uma carta de repúdio, também em casos não previstos pela Torá. Entretanto, lá tão pouco o sistema vigente é uma justificação (vers.18). Quem tentar justificar seus delitos, porque a Lei (o direito vigente) não os proíbe – podemos citar novamente Calvino –, "comete um duplo delito".[7] A autoridade final cabe à Palavra de Deus, e desta "não cairá uma vírgula" (vers. 17).

Há dois caminhos: o de Deus e o da mamona. A lâmpada que ilumina o caminho é o olho (Mt 6,22). Este olho não deve enxergar duplamente, mas numa só direção (a tradução "sadio" em Mateus (Mt 6,22) se refere a uma palavra grega que significa "não duplo", "simples", "franco", "puro"). Este "olho" indica o caminho , assim como o "coração" ensina o caminho para o homem. Esse olho e coração não podem ir por dois caminhos, como o fazem os fariseus, que são amigos do dinheiro (vers. 14-15). A fidelidade (vers. 10-12) só pode empenhar-se uma vez. "Nenhum servo pode servir a dois senhores, porque aborrecerá um e amará o outro; ou se entregará a um e desprezará o outro. Não podem servir a Deus e ao dinheiro" (vers. 13; Mt 6,24). O teólogo e político holandês Abraham Kuyper (1837-1920) expressava isto com estes termos: "Adorar primeiro Deus e o dinheiro a um tempo". Isso chega a metalizar toda a alma, até se esfumar qualquer vestígio de religião. Finalmente, não só desaparece para sempre a adoração a Deus, mas renasce algo da antiga veneração, em outra forma, como uma espécie de culto religioso ao dinheiro e à mamona. Por conseguinte, se alguém não deseja romper com a mamona, inevitavelmente desaparecerá a religião de Deus de seu coração metalizado, permanecendo, no final, somente o culto ao dinheiro, à mamona".[8] A lealdade com Deus não só se refere às "coisas espirituais", "mas deve introduzir-se nas coisas do mundo".[9] Também os filhos da luz devem proceder racionalmente e com medida.

---

[7] Cf. em A. Biéler, *La pensée économique et sociale de Calvin*, Genebra, 1961, p. 277; comentário de Calvino sobre Mt 19,7.

[8] A. Kuyper, *Pro Rege,* primer tomo, Kampen, 1911, p. 93-94.

[9] Ellul, *L'homme et l'argent*, p. 125.

12 | A terra é minha
Política demográfica e alimentar

Surgiu um novo rei que nada sabia de José; e disse a seu povo: Veja, os israelitas são um povo mais numeroso e mais forte do que nós. Tomemos precauções contra eles. (...). O rei do Egito deu também ordem às parteiras das hebreias, uma das quais se chamava Sifrá e a outra Puá, dizendo-lhes: Ao dar assistência às hebreias, quando estiverem a ponto de dar à luz: se for menino, façam-no morrer; se for menina, deixem-na com vida. – Êx 1,9-10; 15-16

Se vires na região a opressão do pobre e a violação do direito e da justiça, não te assustes com isso. Dir-te-ão que uma autoridade vigia outra autoridade, e outras mais dignas vigiam ambas. Invocarão o interesse comum e o serviço do rei – Ecl 5, 7-8

A terra não pode ser vendida para sempre, porque a terra é minha, já que vocês são para mim como forasteiros e hóspedes. – Lv 25,23

No Eclesiastes (Ecl 5), usa-se a tradução "vigia". Há outra tradução que emprega a palavra "espião". Sua conotação é negativa: uma autoridade que "espiona" outra, sugerindo que se trata de um comportamento indevido, de segundas intenções. Tal uso impróprio do poder teria como consequencia a opressão do pobre e a violação do direito e da justiça. Na verdade, trata-se do mesmo sistema de poder. Na *Nueva Bíblia Española* esta parte é assim intitulada: "Autoridades". Faz-me recordar a doutrina estatal cristã de Herman Dooyeweerd,[1] que é uma grande advertência ao poder absoluto. Jacques Ellul considera o poder do dinheiro e do Estado como as maiores ameaças ao modo cristão de vida. A avareza é a raiz de todo o mal; a avareza é o motor do Estado" (Fons Jansen). Também o socialismo estatal excessivamente burocratizado é um sistema da Mamona, um poder que intervém em todas as normas da vida nacional, que fomenta a competência no carreirismo profissional, como no sistema liberal do mercado.

Um governo nacional hierárquico – imposto de cima, onde uma autoridade vigia a outra, sendo ambas controladas e limitadas em seu exercício de poder por outra dignidade "central", mais alta – constitui um perigo para o pobre e resulta na violação do direito. Esta passagem encerra uma advertência – como através de toda a Bíblia – contra o exercício cego de poder, que sempre vai em detrimento da população que depende dele economicamente. Já refletimos sobre este tema nas páginas anteriores, está relacionado com as práticas opressoras da "cidade" ímpia (capítulos 4-6), o sistema de poder que se fia em si mesmo e continua se estendendo, às custas do campo. Por isso a passagem: "invocar-se-á o interesse comum e o serviço do rei". Esta é a ideologia do Estado! "E a isto se chama progresso nacional e um rei a serviço do campo!"[2] A tradução holandesa (1951) soluciona de outra maneira o proble-

---

[1] De forma clara e concisa: H. Dooyeweerd, *La idea cristiana del Estado*, ISEDET, Buenos Aires, 1983 (Ed. original 1936).

[2] Tradução da mesma frase em: *Dios habla hoy. La Biblia. Version popular,* Sociedades Bíblicas Unidas, 1979.

ma da tradução: "Com tudo isso, feliz o pais cujo rei favorece a agricultura!". O bom desenvolvimento da agricultura é a melhor defesa contra a pobreza e as injustiças econômicas.[3]

A terra não deve estar sujeita a tributos em benefício de autoridades desejosas de lucrar com ela. A terra foi *dada* ao homem (Lv 25,23) para viver nela e para que ela lhe dê o sustento. Há os que dizem que o problema da fome no mundo é de tal magnitude que só podemos resolvê-lo dando renda livre à eficiência dos poderes econômicos e políticos vigentes, às multinacionais e aos governos pragmáticos. Quem disser tal coisa passa por cima das causas do drama. Nosso sistema econômico está organizado de tal forma que só o fato de aumentar a produção agrícola não significa que o pobre, o direito e a agricultura sejam favorecidos. Também no Terceiro Mundo a agricultura está encaminhada, mais que tudo, para a exportação, a produção da carne no Ocidente superalimentado, o processamento do álcool e o consumo do luxo (sem falar das drogas).

Quando o pobre é expulso de sua terra em favor do funcionamento deste sistema de poder, como, por exemplo, nos famosos "povos-modelo" na Guatemala e Filipinas, há mais de duas décadas, pode ser que haja produção agrícola, mas não desenvol-

---

[3] O leitor terá ocasião de apreciar como as outras traduções têm uma percepção radicalmente oposta a este conceito de rei "benevolente". Veja também o capítulo 15, no qual voltamos a estes mesmos versículos; lá, como instância suprema do poder estatal, o rei representa precisamente o grande opressor. Contudo optei por deixar inalteradas estas linhas publicadas previamente; além do mais, também esta tradução é válida. E, quanto à importância vital da agricultura em si, as duas versões não discordam entre si! As diferentes interpretações ressaltam quão importantes podem ser tradução e interpretação, e quão grandes podem ser as discordâncias entre elas.

vimento rural capaz de favorecer os camponeses. A "cooperação para o desenvolvimento" oficial poucas vezes tem tido um interesse genuíno em fomentar o desenvolvimento sustentável do campo e que dê prioridade ao cultivo de alimentos para a população local.

Por quê onde se deve buscar a solução para a questão da fome? No trabalho em favor de uma "economia do suficiente" para os que trabalham e *possuem* a terra. Nossa economia não é uma economia do suficiente, mas uma economia do excesso. Isto significa necessariamente: mais para os que detêm o poder econômico e militar, menos ou nada para os que lavram a terra. Nosso conceito de "propriedade particular" não é outra coisa do que uma ideologia para "racionalizar" a fome no Terceiro Mundo. Porque nossas multinacionais, com suas centenas de milhares de hectares e os latifundiários no Terceiro Mundo, cada vez mais vinculados às primeiras, não fomentam a propriedade privada. Apenas logram manter-se com o uso da violência, expulsando os camponeses de suas próprias terras ancestrais, evitando que obtenham títulos de propriedade. Por isso os bispos brasileiros disseram ser necessário fazer uma distinção muito clara entre a propriedade da terra "capitalista" e a autenticamente *particular*. Esta última não está a serviço da especulação, da geração de lucro e manutenção das estruturas do poder econômico, mas existe para o trabalho, para a gente poder, simplesmente, *viver*.[4]

A Bíblia não deixa lugar à dúvida sobre esse assunto: "Maldito quem mudar o marco de propriedade de seu próximo" (Dt 27,17). Isaías diz: "Ai dos que ajuntam casa com casa, campo com campo, até

---

[4] Conferência Nacional dos Bispos do Brasil, *Igreja e problemas da terra*. Documento aprovado pela Assembleia da CNBB, Itaici, 14 de fevereiro de 1980.

ocuparem todo o espaço e ficarem sozinhos no meio do país!" (Is 5,8). Também o profeta Amós condena os que pisoteiam o fraco, perturbam quem se pronuncia a favor da justiça e cobram com ameaças o tributo dos cereais do camponês pobre! O forte sistema de poder, que existe por causa dessa exploração será devastado (Am 5,9-11).

Este deslocamento sistemático dos marcos remonta aos fins da Idade Média na Europa. Este processo de *cercar* vigorou na Inglaterra até o século XIX. Tais cercas deviam dar caminho livre ao empresário do comércio agrícola, que então havia começado a se desenvolver. A desmarcação prejudicava a agricultura a favor da criação de gado, em detrimento da possessão tradicional das terras (sobretudo a *comunal*), ao mesmo tempo que estimulava a compra e venda, a acumulação, a "economia do mais" e as injustiças. Criação de gado era mais lucrativa do que a agricultura; por isso a frase célebre de Tomás Morus (1478-1535): "as ovelhas devoravam os humanos". Este processo de expropriação em nome da "propriedade particular" vem se dando nos países em vias do desenvolvimento, a partir da época colonial. Acelerou depois da descolonização. Porque "uma dignidade vigia outra dignidade, e outras mais dignas vigiam ambas".

Eles querem fazer-nos crer que existe um problema mundial demográfico, para desviar a atenção do problema mundial alimentar e da urgência generalizada de *reformas agrárias*. A falácia de uma "superpopulação mundial" até uma criança pode compreender. A superpopulação dever-se-ia à quantidade de matéria-prima, energia e meio ambiente que um recém-nascido precisará à medida que vai crescendo. Entretanto *a necessidade do bebê pobre nascido na Bolívia não é o problema, e sim* o consumo de energia excessivo do bebê nascido na Holanda ou nos Estados Unidos.

A política demográfica resultou na eugenesia a serviço das classes dominantes. "A cega convicção de que devemos interferir nas práticas reprodutivas de outras pessoas, contra sua vontade, quando é preciso, provém da suposição de que o mundo é nosso, que pertence aos de nós que esgotam seus recursos naturais com a máxima eficiência. E não aos que não tomaram parte nesse processo!"[5] Mais do que uma "política demográfica", precisamos de uma política de distribuição de alimentos e terras cultiváveis, não da política de Faraó do Egito (Êx 1,10), que se sentia ameaçado pelo crescimento demográfico do povo israelita, então sob seu domínio econômico, mas de uma política de desenvolvimento centrada na assistência jurídica e técnica, assim como a reforma agrária. Só quando florescer o campo, ver-se-á quanto espaço fica para a cidade. As necessidades dos mais pobres devem ter nossa prioridade, e as urgências do Terceiro Mundo devem prevalecer sobre as do Norte. Em muitos países do Sul, as importações de alimentos e, por outra parte, os subsídios dos preços dos alimentos em benefício do eleitorado urbano impedem o crescimento econômico do campo, porque já não compensam os custos do homem do campo.

---

[5] Germaine Geer, *Sex and destiny. The politics of human fertility,* 1984, capítulo 4.

13 | *O maná escondido*
Fé e igualdade

Ao verem isso, os israelitas perguntavam uns aos outros: "Manhu?" (que significa: o que é isto?), pois não sabiam o que era. Moisés lhes disse: "Isto é o pão que o Senhor vos dá para comer. Eis o que o Senhor vos mandou: Recolhei a quantia que cada um de vós necessita para comer, um jarro de quatro litros por pessoa; cada um recolherá de acordo com o número de pessoas que moram em sua tenda".

Assim fizeram os israelitas. Uns recolheram mais, outros menos. Mas depois, ao medirem as quantias, não sobrava a quem tinha recolhido mais, nem faltava a quem tinha recolhido menos. Cada um recolhia o que necessitava para comer. – **Êx 16, 15-18**

A fartura de vocês agora deve ser colocada a serviço da penúria deles, a fim de que a fartura deles sirva algum dia à penúria de vocês. Assim reinará a igualdade, como está na Bíblia: Quem muito recolhera, nada teve de sobra, e quem pouco recolhera, não teve falta de nada. – **2Cor 8,14-15**

Ao vencedor darei um maná escondido e darei também uma pedrinha branca e, gravado na pedrinha, um nome novo que ninguém conhece, a não ser quem o recebe. – **Ap 2,17**

Hoje em dia muitas pessoas são contrárias a relacionar a Bíblia com questões de natureza econômica ou política. Acaso a Bíblia é ambígua? Acaso não se abusou dela descaradamente em ocasiões incontáveis? Como é possível "aplicar" textos de passados tão longínquos numa época tão diferente para nossas sociedades capitalistas ou socialistas, mas modernas em todo o caso? Além do mais, não é um assunto subjetivo a interpretação da Bíblia? Tudo por tudo, cada qual explica "seus próprios textos" de um modo individual ou tem opinião própria acerca da "função" da Bíblia. Além disso, é óbvio que se trata de questões éticas e, conforme dizem, na ética os argumentos devem ser aceitáveis por igual, tanto para cristãos como para não cristãos. Também é preciso aprender a sopesar as coisas; às vezes os princípios éticos chocam entre si, de modo que, se queres que teu discurso seja inteiramente racional, é preciso que te acostumes a temperar as coisas.

Naturalmente, a Bíblia não é um manual prático para o economista, muito menos se levamos em conta as características da época moderna. Mas tão pouco o era no tempo em que foi escrita. Ademais, a Bíblia é só parcialmente um livro "ético" no sentido costumeiro. Do que nela se trata, é da Palavra de Deus, palavras que Ele pronunciou sobre si mesmo e sobre o homem. Acima de tudo, a Bíblia é uma mensagem. Isto não consiste em um conjunto de regras maiores ou menores, mas de uma *proclamação da graça,* um apelo para se ter confiança e fé em Deus, Pai de Jesus Cristo, uma advertência contra outros deuses cujas intenções para com as pessoas são distintas.

A "relevância" desta "revelação" não tem limite. O culto a Deus, que a Bíblia fomenta, requer do homem total que "em tudo o que faz, verbal ou oralmente" – e disto não podem ser excluídos o trabalho profissional e a atividade política – deve agir "em nome do Senhor Jesus" (Cl 3,17). A maldição da época moderna é que, na ciência e na prática, a vida está dividida em compartimentos, cada qual dirigido por suas próprias leis. O mandamento maior da Bíblia (Mt 22,36) trava uma luta contra esta divisão da vida, entre o domingo e a segunda-feira, o trabalho profissional e o tempo livre, o idealismo e o realismo, a economia e a ética, a ética e a fé. Porque sempre encontramos um *pretexto* quando a Bíblia se cruza em nosso caminho: "a gente estava ausente naquele momento; estava ocupado em outra matéria, impossível de ligar-se perfeitamente com a Bíblia". Não obstante, "escuta, Israel, o Senhor nosso Deus é somente um" (Dt 6,4),[1] e Jesus cita o Antigo Testamento: "e amarás o Senhor teu Deus, com todo teu coração, com toda tua alma, com toda tua mente e com todas as tuas forças" (Mc 12,29-30).

A convocação da Bíblia para praticar a fé e a obediência não é dirigida a um povo fora do tempo, a pessoas abstratas: "almas" que flutuam sobre a realidade. Tal "espiritualização" (é óbvio que na verdade não se trata de algo espiritual) é, sem lugar para dúvidas, a jogada mais astuta, saída do engenho do grande inimigo da mensagem bíblica. "Embora seja certo que Deus disse..." – segue logo uma citação textual da Bíblia ou uma verdade muito cristã (Gn 3,1; Mt 4,1-11). Com isso, Satanás intenta confundir os espíritos, insinuando que "o esquema do mundo presente" (Rm 12,2) conta com a aprovação de Deus. Assim se vai embotando a capacidade de crítica, que deve ser uma característica da comunidade cristã, de modo que já não pode distinguir qual é realmente a vontade de Deus (Rm 12,2). Jesus *vence* a tentação no deserto, fazendo

---

[1] *Nueva Biblia Española.*

referência ao grande mandamento do Antigo Testamento: trata-se de *distinguir* o culto a Deus, o qual nada pode ter em comum com o culto a outros deuses que nos rodeiam (Mt 4,10; Dt 6,13-14). Também em questões econômicas, particularmente as relacionadas com a economia moderna, trata-se de uma atitude baseada na fé ou na falta desta. O fato de que a Bíblia nos traga uma mensagem valiosa, não só durante os primeiros séculos da era cristã, mas também nos albores do século XXI, não se deve à intemporalidade de seus textos, mas precisamente ao que a convocação universal "Escuta, Israel!" nos ensina a compreender o tempo. Os mesmos poderes que em épocas passadas interferiam entre Deus e o homem, continuam interferindo hoje, embora com outro disfarce histórico. A Palavra nos ensina precisamente a penetrar nesses disfarces. A Bíblia revela a realidade do mundo. A percepção bíblica da cidade e do Estado coincide com as conclusões dos sociólogos e filósofos modernos sobre os fenômenos mais recentes, como a massificação e a militarização de nosso sistema ocidental, que abarca tanto "o Oeste" como os sistemas estatais anteriormente socialistas do "Leste". Conforme Jacques Ellul,[2] há uma grande coincidência entre a realidade revelada pela Bíblia e os resultados de uma observação meticulosa do mundo atual (embora a Bíblia aprofunde mais e mencione as causas).

Os dois poderes sociais, mencionados nos capítulos anteriores, eram o dinheiro e o Estado: a posse e a opressão. Estes são os poderes que provocam os "zelos" do Deus libertador da Bíblia (Dt 6,15), como diz o primeiro e segundo dos dez mandamentos (Êx 20,5). São capazes de apoderar-se do espírito das pessoas – o mes-

---

[2] Ellul, *L'homme et l'argent*, p. 156.

mo espírito que o Deus de Israel "deseja com ciúme" (Tg 4,5).[3] O dinheiro é um poder sedutor por ser dinheiro; esta é uma antiga verdade bíblica que data de séculos antes do surgimento do "capitalismo". Contudo o poder do dinheiro se tornou mais avassalador na época moderna, precisamente por haver-se mesclado com o poder do Estado. Mas já a Bíblia dá ao dinheiro o nome de "mamona", riqueza, *segurança* (feita por si mesma), à qual se presta um tributo divino. A palavra hebraica para dinheiro vem de um verbo com o significado de "desejar", "suspirar" por alguma coisa. A análise econômica do papel social do dinheiro, e seu desenvolvimento a partir da economia de subsistência, até nossos dias e nosso sistema, em que o afã do dinheiro se converteu no principal "motor econômico – como se tratasse de uma verdade da criação – confirma a percepção bíblica do dinheiro como poder espiritual.

Como foi dito, a Bíblia não é nenhum "receituário" econômico. Contudo suas análises são mais profundas e universais, ao mesmo tempo que examina também a problemática social. A economia se opõe a semelhante aproximação, pelo que se declarou autônoma, independente da "religião", como também da mensagem evangélica. Temos visto que a ética do trabalho na Bíblia não consiste na subordinação do trabalho ao dinheiro. Na verdade, o trabalho e a renda são coisas diferentes. Trabalhar é atuar dentro do amplíssimo âmbito do grande mandamento, é empregar toda a consciência e todas as forças no louvor a Deus, para servir ao próximo e cuidar da natureza, "servindo-a e protegendo-a" (conforme a tradução de Martin Buber, do Gênesis 2,15). A renda não é um "resultado obtido", mas uma "graça", uma ajuda de Deus. Quando

---

[3] *Nueva Biblia Española.*

Paulo diz: "se alguém não quer trabalhar, também não coma" (2Ts 3,10), não se refere ao ter de trabalhar *para* comer (2Tes 3,10); é preciso trabalhar porque há trabalho *por fazer*. Trabalhar é prestar serviço à comunidade; quem não quer trabalhar, tampouco deve esperar que a comunidade lhe dê "comida". Devemos considerar essas palavras levando em conta a situação específica de Paulo, que viajava de comunidade em comunidade, querendo evitar que se pensasse que ele realizava seu trabalho, isto é, sua função de apóstolo, para ganhar a vida. Para não prejudicar a credibilidade de sua Palavra, prefere ganhar o próprio sustento. Ao mesmo tempo se dirige aos de "vida dissoluta", os que se dedicam a perturbar a paz social ou a cometer atos sem proveito (2Ts 3,11).

O trabalho não deve valorizar o fato de que gera renda, mas a si mesmo – ou não, mas nesse caso poderá remediar jamais uma remuneração. De algum modo a renda é um graça. Portanto todos nós temos direito a ela, conforme a necessidade de cada um. O problema econômico da organização (de um bom trabalho ou uma boa renda) é uma questão social e política. E neste terreno os cristãos hão de ter consciência do poder espiritual exercido pelo pensamento econômico em vigor, que inverteu radicalmente esta lógica humana e bíblica. Enquanto eu escrevia estas linhas pela primeira vez, a televisão holandesa transmitia a notícia "Um pela África", no dia 26 de novembro de 1984. Uma mulher africana, entrevistada, disse: "o pensamento econômico não tem olhos, senão para produzir alimentos por dinheiro, para o mercado; mas nós dependemos da produção alimentar em si mesma, e na África esta se consegue, sobretudo, fora do mercado, e *não* para obter lucro. Por esta razão existe fome na África".

No pensamento cristão, a gratificação é uma bênção, e as bênçãos "chegam lá de cima". O maná que os israelitas recebiam no deserto, como pão descido do céu (Jo 6,32), era um exercício espiritual. Deviam ter confiança nele, era-lhes proibido guardá-lo e podiam recolher tudo que precisavam. Deste modo, segundo Paulo (2 Cor), se forma a *igualdade* econômica. A igualdade bíblica nunca é uniformidade ou massificação. É um exercício espiritual, uma questão de fé.

Quem vencer, receberá do "maná escondido": segundo as tradições cristãs, a urna de ouro com o maná (Êx 16,33; Hb 9,4), que o profeta Jeremias havia escondido numa gruta do monte Nebo, após a destruição do templo.[4] A gente voltaria a encontrar esta gruta no "dia do Senhor". A dádiva do maná escondido, nesse caso, tem a ver com o fim dos tempos e é um símbolo para a vitoria final messiânica – o oposto do "seguir a corrente do sistema", comer carnes imoladas e ceder aos conchavos, como se fala na carta à comunidade de Pérgamo (Ap 2,12-17). Quem vencer não se perderá no meio da multidão anônima da economia moderna, na qual qualquer consumidor ou trabalhador é "intercambiável"[5] por outro. Quem vencer, será confirmado em sua personalidade intocável, em sua relação insubstituível com ele, de quem receberá um nome novo, gravado numa pedrinha branca, o sinal da admissão[6] no Reino dos Céus.

---

[4] Anotação na *Biblia de Jerusalén* sobre Apocalipse (Ap 2,17), que remete para Macabeus (2Mac 2,4-8). Cf. também Jacques Ellul, *Apocalipse. Arquitetura em movimento,* São Paulo, 1979, p. 146.

[5] "Techniek en cultur" ("Técnica e cultura") em: C. J. Dippel, *Verkenning en verwachting. Culturkritische opstellen,* La Haya, 1962, p. 31.

[6] Anotação na *Biblia de Jerusalén* sobre Apocalipse (Ap 2,17).

14 | Minha vinha está diante de mim
Superado o poder do dinheiro

Salomão tinha uma videira em Baal Hamon. Arrendou sua videira aos guardas, e cada um lhe trazia, por seus frutos, mil siclos de prata. Minha videira, a minha, está diante de mim; os mil siclos para ti, Salomão; e duzentos de seu fruto para os guardas! – **Ct 8, 11-12**

Não me dês pobreza nem riqueza, deixa-me saborear meu bocado de pão; não aconteça que venha a me fartar e renegue e diga: Quem é o Senhor? Ou não aconteça que, sendo pobre, me entregue ao roubo e profane o nome de Deus. – **Pv 30, 8-9**

Sei passar necessidade e sei viver na fartura. Estou preparado para tudo: para estar na saciedade ou para passar fome; para viver na fartura ou para estar na miséria. Tudo posso naquele que me dá força. Entretanto, vocês fizeram bem em tomar parte em minhas provações.... Por ora, tenho tudo o que preciso, e mesmo mais do que preciso; estou satisfeito, depois que Epafrodito me entregou a oferta de vocês, perfume de suave odor (Gn 8, 21), sacrifício que Deus acolhe de bom grado. – **Fl 4,12-14,18**

Que a Bíblia "opte pelos pobres", é tão claro como a luz do dia e não necessita de mais explicação. Jim Walli, o *evangélico norte--americano*, disse que, se recortássemos todas as passagens bíblicas onde se fala dos pobres e oprimidos, teríamos um livro com frases soltas, embora sem conexão. A riqueza, se a gente a *procurar* (individual ou coletivamente), é injusta; o comércio é a "administração da injustiça" (capítulos 2, 11 e 12). Nisto, o Novo Testamento é ainda mais explícito que o Antigo. Entretanto, também no Antigo Testamento (AT), a riqueza tem um significado muito especial e ousado. Segundo Ellul, no AT a riqueza pode ter caráter sacramental. A Terra Prometida é um sinal, uma antecipação da nova criação. A riqueza mostra o caráter *gratuito* da eleição divina. A riqueza é uma bênção, não pode ter significado benéfico à margem da relação com Deus. "A riqueza de Salomão não é necessariamente igual à riqueza da Standart Oil."[1]

Em sua excelente análise da problemática feminina com relação ao problema mundial, alimentar e demográfico, Germaine Greer, referindo-se aos *pobres*, assim escreve sobre esse caráter de bênção (cf. cap. 13) da vida econômica: "Enquanto experimentam a vida como uma bênção, podem seguir adiante; mas, uma vez que *virem sua própria miséria com os olhos de seus opressores,* estão perdidos. Mesmo conseguindo encher seus estômagos, seus corações permanecerão vazios.[2] A riqueza bíblica tem um significado profético e escatológico: é um indício da Jerusalém celeste, para onde "virão trazer-lhe os tesouros e a riqueza das nações" (Ap 21,26).

O vinho e o pão são os símbolos do Reino de Deus vindouro; a súplica do pão no Pai-Nosso forma uma parte da oração pela vinda desse Reino (cap. 9). A riqueza é de índole espiritual, não se deve confundir o sinal com a realidade. Por isso são escassos os

---

[1] Ellul , *Lomé et l'argent,* p. 85.

[2] Greer, *Sex and destiny,* cap. 14. A ênfase é minha.

ricos justos no AT, como, por exemplo, Jó e Abraão. Jó, devido a sua riqueza, é posto à prova até o limite de seu poder, já que Satanás quer experimentar se sua riqueza tem efetivamente "caráter sacramental", em vez de ser apenas o resultado de um "contrato" fechado por interesse próprio (Jó 1,9).[3] Abraão é o homem abastado que deve renunciar sua vida opulenta para *se pôr a caminho*, tanto para ser *abençoado* novamente como para que ele mesmo possa converter-se numa bênção. O melhor exemplo, sem dúvida, é Salomão, que foi rico *precisamente por não pedir*: "Já que pensas isto em teu coração, e não pediste riquezas nem bens, nem glória, nem a morte de teus inimigos, nem tampouco pediste vida longa (esse conceito bíblico de prosperidade a que faz referência o quarto mandamento [Êx 20,12]), mas pediste para ti sabedoria e inteligência para saber julgar meu povo, do qual te fiz rei, por isso te são dadas sabedoria e entendimento, e além disso te darei *riqueza,* bens e glória, como não as tiveram os reis que o foram antes de ti, nem haverá nenhum dos que virão depois de ti." (2Cr 1,11-12).

Entretanto quem vive em semelhante opulência requer grande firmeza; e Salomão chegou a olvidar a origem e o sentido de sua riqueza (2Rs 11). O que ficou foi o mero poder estatal; Deus mesmo foi quem deu fim a essa existência nacional (cf. cap. 6), mediante a divisão do Reino e o exílio posterior. Ao longo da tradição bíblica é proverbial a riqueza de Salomão (Mt 6,29). Se foi elogiado, foi também desmascarado. A canção irônica de amor no

---

[3] É a troco de nada que Jó teme a Deus? (Jó 1,9). O compromisso dos cristãos não é: "serviços com serviços se pagam", como num contrato: perdoa-nos nossas dívidas *porque* nós temos perdoado a nossos devedores, ou: *para que* nós perdoemos a nossos devedores, "toma lá, dá cá"... Cristo nos ensina a rezar: perdoa-nos nossas dívidas, *assim como nós já temos perdoado* a nossos devedores (Mt 6,12).

Cântico dos Cânticos (Ct 8) fala de coisas que não se pode comprar com dinheiro. Fica com teu dinheiro, Salomão. Tenho uma videira que não me cobra entrada, que não custa nada.

Milton Friedman, o grande ideólogo da moderna economia de mercado, foi muito comentado na literatura econômico-teológica latino-americana das décadas passadas. Tudo aquilo que a sociedade devia defender contra a livre exploração do homem pelo homem (tal defesa é uma tarefa do Estado por excelência), por exemplo: programas agrários, ajuda institucionalizada para os idosos, legislação sobre o salário mínimo, sindicatos, tarifas, regulamentos sobre a outorga de permissões para exercer uma profissão ou montar uma empresa etc., aplicado até o extremo",[4] é, como diz Friedman, ideologicamente inadmissível, porque se coloca uma barreira ao mundo da compra-e-venda. Segundo Hinkelammert, a tudo que contribui para amenizar a vida do homem neste mundo coloca-se o cerco do preço, uma jaula com fechadura que só se abre (automaticamente) depois de depositar uma moeda. É como se Friedman não suportasse que "o sol, um bosque ou um parque sejam visíveis sem ter de pagar a cada olhada".[5] Já não existem videiras que sejam acessíveis à margem do sistema. Se Friedman imagina a liberdade como uma infinidade de jaulas levantadas ao redor da infinidade de bens que há neste mundo; para os militares adeptos a sua doutrina, a liberdade consiste numa infinidade de quartéis.[6] Ficam excluídas a espontaneidade, a comunicação hu-

---

[4] Milton Friedman, *Capitalism and freedom*, Chicago, 1962, citado por Hinkelammert (nota 5), da edição espanhola.

[5] Franz J. Hinkelammert, *Las armas ideológicas de la muerte*, San José, 1977, p. 87.

[6] *Ibid.*, p. 87.

mana, como também a arte e a cultura, a não ser que representem a filantropia do homem de negócios ou a propaganda da ditadura militar. No livro *1984*, de George Orwell, também *o amor* está proibido.

O amor no Cântico dos Cânticos (Ct 8) é o caminho da sabedoria, apartado do mundo da compra e venda baseado no lucro, na aquisição e expansão e que obriga a recorrer à violência. Na Babilônia, "a grande cidade" (cf. cap. 5), os comerciantes são "os magnatas da terra" que, "com suas maquinações, extraviaram todas as nações da terra" (Ap 18,23). É o lugar da ideologia uniforme; os ricos "são praticamente iguais em toda a parte".[7] A avareza, que reduz os seres humanos a objetos de mercadoria, não pode senão recorrer à sabedoria e à ideologia "artificiosas" (2Pd 2,3).[8] Os divulgadores de doutrinas errôneas apartam as pessoas do caminho da verdade.

Há uma grande parecença entre a linguagem utilizada no livro do Gênesis e a Carta de São Tiago. O sangue de Abel assassinado "clama" a Deus desde a terra (Gn 4,10); do mesmo modo a exploração do operário clama a Deus. "Vejam o salário", disse São Tiago (Tg 5,4-6), "que não pagaram aos trabalhadores que lavraram seus campos, está gritando; e os gritos dos segadores chegaram aos ouvidos do Senhor dos exércitos[9]... condenaram e *mataram* o justo; ele não resiste". A problemática do desenvolvimento não é somente uma questão de ricos e pobres, como se costuma dizer, mas uma questão de vida e morte, cuja origem se revela no Gênesis (Gn 3 e 4). A sabedoria e piedade

---

[7] Greer, *Sex and destiny,* cap. 14.

[8] Cipriano de Valera (*La santa Biblia,* 1602) traduz: "por avareza farão mercadoria de vocês com palavras fingidas".

[9] O "Senhor dos poderes celestiais".

de Salomão baseavam-se, entre outras coisas, no fato de que *não pedira a morte de seus inimigos* (2Cr 1,11). Porque a sabedoria é respeito pela vida.

Os atropelos econômicos são antiescatológicos: "Eles têm acumulado riquezas *nestes dias que são os últimos*" (Tg 5,3). Se não se espera o Reino vindouro, aparecem a cobiça e a injustiça. Aquele servo que se põe a bater em seus companheiros e se entrega a um consumismo desenfreado, é um servo que já não conta com a vinda do senhor; sua maldade consiste em dizer em seu coração: "Meu senhor está demorando" (Mt 24,48).[10] Isso prova que a Bíblia, em vez de ser um livro de ética, é antes de tudo um livro de fé. A ética é o resultado da compreensão. Trata-se da sabedoria, do conhecimento, da fé. O pecado dos que crucificam Jesus ocorre porque "eles não sabem o que fazem" (Lc 23,34).

O autor dos Provérbios tem medo da riqueza, pois ela desvia do saber. Também a pobreza encerra um perigo com respeito ao nome. Por isso pede em suas orações que lhe sejam poupadas tanto a pobreza como a riqueza. Portanto, não se glorifica a pobreza! Trata-se do caminho reto; tão pouco se fará injustiça para favorecer o pobre (Êx 23,3; Lv 19,15).[11]

Daqui se conclui que a pobreza e a riqueza não constituem as últimas realidades. A vida envolve mais que o meramente "econômico". Por infelicidade, nos tempos atuais parece que tudo e todo o mundo veem-se obrigados a se apertarem no econômico. Quase se foram os tempos em que Boeke, catedrático

---

[10] Isso será tratado no cap. 18.

[11] Este tema será tratado novamente, em contexto mais amplo, no capítulo 21.

holandês de economia (1884-1956) – que costumava enfatizar o significado *espiritual* dos sistemas econômicos –, ainda podia escrever que a aldeia na Indonésia "não era primeiramente centro de trabalho e produção", mas "centro de paz e, no fundo, paz é vida".[12] O sistema se impõe para ricos e pobres, comprometendo-os por igual. A mamona exige sacrifícios em ambos os lados, mas o rico continua sendo o responsável pela pobreza (Ler: Ez 34,18-19).[13]

O rico se converte em materialista por culpa de sua riqueza. Só em alguns casos o Antigo e Novo Testamento admitem exceções nesta regra. É mais fácil um camelo passar pelo buraco de uma agulha (Lc 18,25). Por isso não deixa de ser assombroso que abastados membros da Igreja, irritados com essa teologia excessivamente "progressista", conforme sua conveniência, digam: "Acaso o Evangelho (o pregador, o pároco, a igreja) não existe para todo o mundo? Entretanto o texto citado prossegue: "o impossível para os homens é possível para Deus" (Lc 18,27). Precisamente ao rico é que se revela o que vale para todos: a salvação vem através de Deus.

A sabedoria de Provérbios (Pr 30,7ss.) parece estar apoiada na imitação de Cristo. Entretanto já não mais é o seguro "meio-termo"; tudo pode aquele que der sua vida para Cristo (Fl 4,13), seja rico ou pobre, já que sua condição de rico ou pobre foi despojada de seu poder de submissão.

---

[12] J. H. Boek, *Economie van Indonenesië*, 1955, p. 39-40.

[13] Essa perícope de Ezequiel constitui a introdução ao capítulo 16, no qual se estuda o *caráter sistemático* (na globalização) da *exclusão* (expulsão) dos pobres pelos ricos.

Paulo abriu uma conta-corrente com a comunidade de Filipos (Fl 4,15). Deixava-se manter o que era contrário a seu costume, tampouco o fazia por razões "puramente econômicas" (veja 2Ts 3,8). Também aqui se trata da expressão, em termos econômicos, de um vínculo espiritual. "Fizeram bem em partilhar de minha tribulação". O que os beneficiados por "servidores eclesiásticos" expressam com palavras de gratidão dá mostras de uma atitude equivocada. Paulo nunca pronuncia a palavra "gratidão",[14] isto figura somente no cabeçalho que nossos tradutores da Bíblia achavam conveniente acrescentar ao texto. Esta relação econômica não deve ser vista como coisa isolada, trata-se de uma experiência espiritual; "o aumento dos proventos na conta de Filipos" (Fl 4,17) é de índole bem distinta. A ajuda que estavam oferecendo a Paulo no fundo era uma agradável oferenda ao próprio Deus.

Judas, que vendeu Jesus (Mt 26,15), não gostava de ofertas. A seus olhos, a oferenda da mulher que derramou sobre a cabeça de Jesus um frasco de alabastro com mirra muito cara era um desperdício. "Poderia ser vendido por um bom preço e ser dado aos pobres" (Mt 26,9). Portanto, nem toda a teologia sobre os pobres tem caráter bíblico. O verdadeiro "sacrifício" vem a ser para os protestantes, mais que para os católicos, esbanjador e "inútil". Entretanto, Cristo, a quem se dedica esta oferenda, não é o representante dos pobres. Pelo contrário: os pobres é que são os representantes de Cristo (Mt 25,31-46). Essa interpretação podia, de direito, chamar-se teologia politizada. Por isso temos de levar muito mais a sério a problemática da pobreza do que

---

[14] Karl Barth faz observar em *Erklärung des Philipperbriefes,* Munique, 1936, p. 125.

qualquer teologia politizada poderia fazê-lo! Os pobres são os representantes de Cristo, não por serem cristãos, bons ou maus, mas *por serem pobres*. Com tanta profundidade Cristo – que é o Pobre vendido por dinheiro – se dirige aos ricos. Isto nunca deixa de vigorar, "porque pobres sempre terão com vocês" (Mt 26,11). Por esta razão a igreja, tal como nos ensina a teologia da libertação, igualmente como Calvino em sua época,[15] não pode ser outra coisa senão *a igreja dos pobres*.

A riqueza exige uma elevada posição espiritual dentro da igreja. Tudo é possível em Cristo, até destronar e dessacralizar o poder do dinheiro e o Estado. A forma com que o dinheiro é despojado de seu poder, como por encanto, é mediante a oferenda, a transmissão a título gratuito. É também a forma com que Deus mesmo opera.[16] O modo com que o Estado perde sua condição de opressor consiste em *se fazer justiça*.

No mundo moderno, desvirtuar as posses e a opressão significa um movimento oposto e ilógico. A oferta é tida como suspeita; sua situação jurídica está sujeita a uma abundância de regras.[17] A chamada "segurança social" é de pouca importância no mundo de compra e venda.

Contudo esses movimentos contrários obedecem a uma regra muito simples, que podemos aplicar em nossa conduta econômica e política: "que cada qual busque não seu próprio interesse, mas o dos demais"[18] (Fl 2,4).

---

[15] Cf. p. 80.

[16] Ellul, *L'home et l'argent,* p. 113: "A única conduta de Deus é o dom".

[17] *Ibid.*, p. 145.

[18] Von Rad, *Teologia del Antiguo Testamento,* II, 1973, p. 364.

Isso nos traz à memória a história de Judas. O relato bíblico de Jonas tem tanto um caráter profético como didático. Jonas é escolhido: Deus o escolhe para proclamar sua Palavra contra Nínive, a cidade malvada (Jn 1,2; 3,1-2). Mas, como outros profetas chamados por Deus, Jonas se recusa a cumprir sua missão. Em vez de dirigir-se a Nínive, embarca num navio cargueiro rumo à Espanha, a direção contrária. Quando Deus insiste uma e outra vez: "vai a Nínive e proclama a mensagem que te direi", finalmente se levanta, pondo-se a caminho daquela cidade, conforme a palavra de Deus. Com efeito, os ninivitas abandonam sua má conduta, e Deus decide não destruir a cidade. O final da narrativa é bem mais hilariante, com o teimoso profeta envolvido numa briga com Deus. Jonas se mantém à margem de todo o problema – havia construído para si uma cabana nas periferias de Nínive; ali se assentou, para ver com indiferença o que aconteceria na cidade (Jn 4,5) – até Deus lhe ensinar a lição da árvore prodigiosa. Jonas se preocupa com sua própria comodidade e conservação, "seu próprio interesse" (Fl 2,4), já que está sentado à vontade, à sombra da árvore que havia encontrado sem mais, sem nenhum esforço. Entretanto a árvore seca e Jonas se queixa. Então vem a admoestação de Deus: a grande repercussão deste último livro dos profetas, a grande autocrítica da tradição dos profetas judeus: se tu te queixas dessa árvore – pela qual nada te fatigaste, que não fizeste crescer –, então *não vou ter compaixão de Nínive, a grande cidade na qual há mais de cento e vinte mil pessoas que não distinguem sua direita de sua esquerda, e uma grande quantidade de animais?* (Jn 4,11).

Que não distinguem sua direita de sua esquerda..., que são ignorantes (Pedro em At 3,17), que não sabem o que fazem (Lc 23, 34) e que eu decidi salvar, mesmo que não estejas de acordo.

A rixa entre Jonas e Deus *não termina*. O livro de Jonas não tem conclusão. Jonas não chega a responder à pergunta de Deus, porque esta "última pergunta do Antigo Testamento" – "não vou ter eu compaixão de Nínive?" – continua sendo feita a todos nós até o dia de hoje.[19] "Que cada qual não busque seu próprio interesse, mas o dos outros".[20] Aqui, precisamente, se radica o segredo para entender o que a Bíblia diz de nossa economia, como manifestação de fé ou incredulidade.

---

[19] Jacques Ellul, *Le livre de Jonas,* p. 103-104.

[20] Em muitas versões bíblicas, em Filipenses (Fl 2,4), as palavras *não só, como também*, foram agregadas ("que cada qual não só busque seu próprio interesse, mas também o dos demais"). Trata-se de outra distorção do "protestante". Assim, por exemplo, em *Deus fala hoje:* "ninguém busque *unicamente* seu próprio bem, mas *também* o bem dos outros", apesar de que a frase anterior diz: "que cada um considere os demais como melhores do que ele mesmo". Miranda chama isso o "tambemnismo" das traduções bíblicas ocidentais (José P. Miranda, *Marx y la Biblia. Crítica a la filosofia de la opresión* Salamanca, 1975). Esta "mentalidade de mercado" não figura nas traduções de Reina-Valera, 1995 (edição para estudo), nem na *Biblia de Jerusalén de la opresión.* Compare-se a palavra "tampouco" na Primeira Carta de São João (Jo 4,20), que *não* se deve acrescentar à tradução (cf. p. 76). A palavra grega *kai* (também, justo, quer dizer) não pode ser motivo para agregar "não só – mas também"; frequentemente o tradutor opta por omiti-la. Tratar-se-ia de uma desvinculação do homem e Deus.

Parte IV

JUSTIÇA E ESPERANÇA

15 | *Eu já sei*
Globalização

Voltei a considerar todas as violências perpretadas debaixo do sol; vi o pranto dos oprimidos, sem ter quem os console; a violência dos verdugos, sem ter quem os vingue. – **Ecl 4,1**

Se na região vês a opressão do pobre e a violação do direito e da justiça, não te assombres por isso. Dir-te-ão que uma dignidade vigia a outra dignidade, e outras mais dignas vigiam ambas. Invocarão o interesse comum e o serviço do rei. – **Ecl 5,7-8**

Observei tudo isto, fixando-me em tudo o que sucede debaixo do sol, enquanto um homem domina outro para seu mal. Observei também isto: Sepultam os maus, levam-nos ao lugar sagrado, e a gente caminha louvando-os pelo que fizeram na cidade.[1] E esta é outra vaidade: a sentença proferida contra um crime não se executa logo em seguida; por isso os homens se dedicam a praticar o mal, porque o pecador age mal cem vezes e eles têm paciência com ele. Eu já sei isso: Irá bem a quem respeita a Deus, porque o respeita. – **Ecl 8,9-12[2]**

---

[1] Esta é a versão grega. A tradução judaica da Bíblia *Tanakh* diz: "enquanto aqueles que obraram na justiça foram entregues ao olvido".

[2] *Nueva Biblia Española.*

Quem no mundo de hoje diz "economia", diz "globalização". Existe como que uma sensação paralisadora de que todas as coisas estão conectadas entre si, e que é inútil qualquer intento para exercer influência sobre o curso dos acontecimentos. Um sistema mundial anônimo nos obriga a nos adaptar. Quanto mais compreendermos que nossos protestos são vãos, mais cresce nossa impotência. Não resta mais remédio, senão resignar-se e passar para a ordem do dia. Na realidade, o sistema mundial não pode mais definir-se como um sistema econômico, tal como tem sido no século XIX, mas um "sistema técnico". Vivemos num mundo em que "a consideração vulgar da viabilidade e o compromisso medíocre chegaram a ser normas".[3]

Nos capítulos de 4 a 7 vimos como o homem, ao se apartar de Deus, confiando "nas próprias forças", baseia sua segurança no "desenvolvimento econômico". Trata-se de uma "anticriação", caracterizada pelo "progresso técnico", uma situação todo-poderosa, cada vez mais inextrincável.[4] Jacques Ellul, pensador francês citado aqui, escreveu, em seu conhecido livro de 1954,[5] que, no curso do século XIX e em todo o século XX, o caráter da técnica sofreu uma mudança fundamental. Para contrastar o significado e o sentido da palavra "técnica", durante séculos, com o novo significado recebido no mundo atual, escreve-se Técnica com letra maiúscula. Com "Técnica" não só se refere à "máquina". O fenômeno se deve

---

[3] Nico Roozen, "A taste of Utz Kspeh". Discurso por ocasião da apresentação da iniciativa do café Utz Kapeh, Haya, 4 de dezembro de 2003.

[4] Cf. o capítulo 4.

[5] Jacques Ellul, *Las technique ou l'enjeu du siècle,* Paris, 1954 (*La edad de la técnica),* Barcelona (1990, 2003).

tampouco à enorme *quantidade* de máquinas com que contamos atualmente ou ao *grande número* de mudanças técnicas. A questão não é quantitativa, mas *qualitativa*.

Há uma diferença essencial entre a "Técnica" e a "técnica" de tempos passados. A primeira se converteu em "tecnicismo", em um novo "sistema". Entre os anos 1000 e 1750, através de milhões de experiências nos âmbitos mais diversos, como a pequena indústria, o transporte e as finanças, levou-se a cabo um processo constante, mas lento, de avanços tecnológicos. A sociedade sempre soube absorver essas mudanças. Em vez de sacudi-la, os avanços técnicos estimularam seu desenvolvimento. Entretanto a impetuosidade do mercado no século XIX e os abalos sociais na Inglaterra, assim como em outros países, fizeram com que a técnica saísse de seus limites sociais. Surge um proletariado, ficando o indivíduo indefeso diante do poder da técnica e do Estado. As estruturas e os tabus tradicionais (por exemplo os brotados da ética cristã) são rompidos gradualmente por esta nova moldabilidade (ou maleabilidade) da sociedade.

A técnica se converte em motor do "progresso". Os inventos são onipresentes. A indústria, a burguesia e o Estado trabalham unidos para realizar os métodos técnicos que representam a "melhor solução única" em cada situação. No princípio, a máquina provoca ainda frequentes rebeliões. Não obstante, também Carlos Marx via a técnica (as forças de produção) como um fator histórico determinante. Na segunda metade do século XIX, quando também a classe operária começa a experimentar certos benefícios da nova prosperidade europeia, vai ganhando terreno a convicção de que os avanços técnicos acabarão transformando a vida humana em todas as suas facetas. A fé burguesa no progresso se generaliza; também "a esquerda" a faz sua.

A diferença que faz com que a "técnica" se converta em "Técnica" consiste em que o progresso técnico já não encontra nenhum obstáculo no caminho, nem força capaz de o canalizar. A sociedade moderna é regida por uma administração nitidamente técnica. A única norma pela qual se julga a técnica é a Técnica mesma: seu próprio cálculo em termos de eficiência. Afinal tudo – as normas de direito, ética e teologia, as considerações estéticas etc. – terá de ceder o passo ao único método considerado ótimo: a "única solução eficiente", o "menor de todos os males". Também a economia e a política, a psicologia e a ciência da organização se converteram em Técnica, submetidas ao que Ellul vai chamar num livro posterior o "Sistema Técnico".[6] O indivíduo moderno se converteu em matéria-prima para este desenvolvimento técnico, em espectador passivo e impotente. Também em sua vida pessoal e social, num sem-fim de terrenos, deve sofrer toda a classe de mudanças anônimas, contra as quais não tem defesa e às quais tem de adaptar-se forçosamente, sob pena de ruína ou marginalização.

Trata-se de uma imagem dramática que Ellul ilustra em todas as facetas da cultura. Somente a técnica é capaz de fazer frente à técnica, o que resulta em fortalecimento do "sistema técnico", que

---

[6] *Le système technicien,* Paris, 1977. A técnica, com um vasto número de âmbitos com suas especialidades, não tem limite. Todos estes terrenos, de técnica agrícola, industrial, militar, transporte, comunicação, propaganda, técnicas de ensino, economia, finanças, contabilidade, direito, técnica científica, espacial, médica etc. (ninguém tem uma visão que abarque tudo), estão entrelaçados, configurando um "sistema" cujas partes integrantes se influem mutuamente. Este sistema é automático, capaz de crescer por si só, universal e autônomo, funcionando como uma unidade. O "mercado", que tende a apropriar-se completamente da vida social (incluída a saúde pública e outros âmbitos, que por sua natureza não são comerciais), é um mecanismo técnico-econômico, um subsistema da Técnica que, conforme se supõe, é autorregulador.

chegou a adotar rasgos totalitários. Basta pensar nas mudanças havidas no sistema de segurança social dos países altamente desenvolvidos. Somente as considerações de *eficiência* são decisivas, em vez da ideologia do partido político no poder ou dos acordos entre os interlocutores sociais na hora de se tomar decisões. O *referendum* vem a ser uma ilusão. O método técnico da propaganda domina a luta eleitoral nos Estados Unidos, em lugar do conteúdo de uma "agenda política"; o que conta é o "efeito" dos fundos investidos na campanha. À violência militar técnica no mundo, se responde com mais violência militar técnica. E existe uma grande semelhança entre os métodos técnicos utilizados pelo Estado democrático para controlar a sociedade e o Estado totalitário.

A meada – "o progresso" – se mostra cada vez mais inextrincável e irreversível. A guerra moderna é em si mesma um efeito da sociedade técnica, sendo ela técnica também. Formou-se um "ambiente técnico". Também os efeitos secundários, frequentemente imprevistos, fazem parte do desenvolvimento; nós os combatemos com.... técnica. O Estado – como parte do complexo de processos de controle técnico – reforça o Estado; a técnica reforça a técnica. Também o Estado que delega poderes só pode operar assim, se contar com um grande poder estatal técnico. A assistência médica e a educação se regulam cada vez menos em função de suas próprias normas e necessidades, sendo forçadas a obedecerem às exigências dos *meios* da "sociedade tecnicista". Nossa sociedade já não se dirige por objetivos, mas por meios, meios que são produzidos automaticamente pelo "ambiente técnico". A globalização é tão inevitável como foi a bomba atômica. As sociedades tradicionais e minorias técnicas estão condenadas a desaparecer. A liberdade de escolha e a "margem de ação" não existem realmente. Sempre acabará por impor-se aquela "única" solução técnica, aquela que os meios indicam como a "melhor", a que é *inevitável*.

Mas esta sensação de impotência não é nova. Tinham-na também os escritores da Bíblia. O livro do Eclesiastes o demonstra como nenhum outro. Aí está um livro da Bíblia que é todo *experiência*. A experiência de *uma só pessoa*. As palavras do Eclesiastes ("o pregador", também traduzido por "recompilador") são na realidade uma antologia da sabedoria popular, mas na tradição judaica são atribuídas ao rei Salomão.[7] Este fala de suas experiências, do que observa "debaixo do sol". Isto quer dizer no mundo dos seres humanos. Não se atreve a realizar uma análise das coisas "acima do sol", já que não é teólogo. Não escreve "assim diz o Senhor". Diz sempre: assim digo eu, e não pude observar outra coisa.

A impotência de Salomão, sua *frustração,* consistia em que os poderosos, os que haviam feito carreira dentro do "sistema", podem fazer o "que lhes dá na telha" nesse mundo. Enquanto os maus vivem na opulência, os justos são oprimidos. "O homem domina o outro homem para seu mal" (Ecl 8,9). É o relato de um "realista sem piedade".[8]

A pobreza pela opressão. A opressão pelo poder, a ditadura, as burocracias escorregadias. Na época moderna vemos acontecer tudo isso em escala mundial. Tão perspicaz e acertada é a observação bíblica. Esta encerra uma crítica tão visceral que alguns tradutores oficiais optaram por uma frase convencional, bela, com um sabor algo "aburguesado". Escrevem (Ecl 5,8): *És afortunado, em tais circunstâncias, se o rei fica se ocupando com colheitas.*[9] Outras traduções, ao invés, con-

---

[7] Jacques Ellul, *Las raison d'être. Meditation sur l'Ecclésiaste,* Paris, 1987, p. 24 (*La razón de ser. Meditación sobre el Eclesiastes,* Barcelona, 1989).

[8] *Ibid.*, p. 179.

[9] A nova tradução da Bíblia na Holanda, 2004.

tinuam em tom realista: *Em tudo isto, a vantagem de possuir terra desempenha um papel.*[10] Também um rei, e precisamente este, *está sujeito ao campo*[11] – ao campo que deve produzir para ele, o qual se converte em um grande tirano. A tradução judaica de 1988 diz: *"Desta maneira ele conta* – isto é, o mandatário, o rei ou o mandatário máximo – *com a maior vantagem em todo o pais: o domínio sobre a terra de cultura.*[12]

Tomemos como exemplo a situação em tantos países da América Latina, Ásia e, sobretudo, África atual: a maioria dos governos pós-coloniais de nenhum modo estão empenhados em fomentar a agricultura e a produção de alimentos. O que lhes importa, isto sim, é exercer o controle sobre o máximo de recursos naturais, que formam a base de seu poder; *o Estado é sua possessão particular,* já que tais mandatários dependem inteiramente dos salários do Estado, dos impostos e, sobretudo, da ajuda estrangeira "globalizadora". Somente nisto, e não no apoio social, ele estriba seu poder.

Portanto está escrito: não te iludas sobre o poder! O poder como poder puro é poder absoluto. É como se ouvíssemos Jesus dizendo: *"Os reis das nações as dominam como seres absolutos, e os que exercem poder sobre elas se fazem chamar Benfeitores"* (Lc 22,25). No Eclesiastes, Salomão adverte contra o poder, pois este explora o país. A monarquia criticada pelo rei mesmo! Logo continua: *"Quem ama o dinheiro não se farta dele; e para quem ama as riquezas, as rendas nunca bastam. Também isto é vaidade"* (Ecl 5,9).

Em toda esta vida confusa e insegura, em que quem é bom é o malvado e é mau quem pratica a justiça, em que o homem *não*

---

[10] "Et le profit d'une terre es en tout" (Ellul, *ibid.*, p. 299).

[11] "Um roi est asservi à um champ" (*ibid.*).

[12] "Thus the gratest advantage in all the land is his: He controls a field that is cultivated."

sabe nada do que lhe depara o futuro (Ecl 9,1),[13] "em que o coração humano está cheio de maldade e a loucura mora em seus corações enquanto vivem" (Ecl 9,3), *em que o homem ignora seu tempo, como peixes presos na rede* (Ecl 9,12), Salomão toma uma só decisão. Trata-se de uma decisão relativa ao conhecimento: o conhecimento em que, *sim*, tem confiança. E o faz neste documento pessoal de uma forma apaixonada. Tudo pode ser assim: "Mas eu, apesar de tudo, sei...!" *Já sei isso, que irá bem aos que temem a Deus, aos que respeitam sua face* (Ecl 8,12).

O que significa isto? Esta frase faz parte do mesmo texto em que se diz que precisamente aos maus vai bem: *estes* são sepultados com todas as honras, enquanto se esquece dos justos, e o pecador que pratica o mal cem vezes tem vida longa (e logo em seguida): *Apesar de tudo, sei* que irá bem aos que temem a Deus. E, após proferir estas palavras, o escritor continua: *há justos que são tratados como malfeitores, e ímpios que são tratados como justos* (Ecl 8,14).

Efetivamente, porém: isto é vaidade. É passageiro, efêmero. Não se pode atribuir isso a Deus: são os homens que tratam os justos como ímpios, e os ímpios como justos. *Há um tempo para cada coisa e toda obra, de modo que Deus julgará* (a seu modo) *o justo e o ímpio* (Ecl 3,17).

Precisamente por essa razão não está escrito: "se obedeceres a Deus, serás feliz" – segundo a concepção de "felicidade" a partir da Europa do século XVII: comodidade, riqueza material, êxito.[14] Deus o recompensará com riqueza ou algo nesse estilo. Ao contrário, o Eclesiastes descreve como as coisas po-

---

[13] *Tanakh:* "Even Love! Even hate! Man knows nothing of these in advance – none!".

[14] Jacques Ellul, *Métamorphose du bourgeois,* Paris, 1967; "L'idéologie du bonheur", p. 67-108.

dem se dar de maneira distinta. Mas diz também: a felicidade está no mesmo temor de Deus. "Não obstante, apesar de tudo isto, eu por mim sei que irá bem para ti se temes a Deus, *pelo fato de* temeres a Deus".

Isto não é um conclusão sistemática ou uma declaração científica. O livro do Eclesiastes tão pouco trata de devoção, nem oferece fáceis palavras tranquilizadoras. Nem sequer é sabedoria. Trata-se do único que não se pode classificar como "vaidade": a fé.

Não se lança mão de Deus para encher uma lacuna no discurso, para dar uma última explicação a tantas coisas incompreensíveis neste mundo. O temor de Deus é "simplesmente" a única coisa que fica, depois que também a sabedoria resultou ser vã (Ecl 2,20-23; 12,12).

O temor de Deus *faz* com que Ele esteja presente; o próprio temor é a presença de Deus.[15] Deus não governa o mundo; Deus *governará*. Por isso rezamos: *"venha o teu Reino"*. Mas Deus governa sim, onde existe o temor dele. "Governa para aqueles que o receberam".[16] Na Bíblia, o "temor de Deus" é um ato de aproximação. Isto não deve ser confundido com uma espécie de quietude temerosa, como a condenada por Jesus com dureza na parábola dos talentos: *Senhor, sei que és um homem severo, que colhes onde não plantaste e recolhes onde não semeaste. Por isso fiquei com medo, fui e escondi na terra teu talento* (Mt 25,25). Este é o temor *mundano*.[17]

No livro do Eclesiastes vemos, como em toda a Bíblia, que a fé só pode chamar-se fé no diálogo que levamos com a vida e

---

[15] Ellul, *Las raison d'être*, p. 262.

[16] René Girard, *De aloude weg des boosdoeners*, Kampen, 1987, p. 188 (*La antigua ruta de los hombres perversos*, Barcelona, 1993).

[17] Cf. o capítulo 18, p. 171.

em relação com todas as perguntas que nos fazemos. A fé só pode crescer ao ser confrontada com as contradições, decepções, alegrias e vaidades da vida. Crer significa ter conhecimento do "apesar de tudo". Eu opto pelo inconformismo. Nego-me a renunciar este conhecimento. Então, esse mesmo Deus, cujas obras somos incapazes de controlar, ou mesmo "descobrir" (Ecl 8,17), vai dar-se a conhecer sim. Como o "pastor único" (Ecl 12,11).[18]

---

[18] "Um Pasteur unique" (tradução de Jacques Ellul em *La raison d'être*).

16 | *Parece-lhes pouco?*
Exclusão

A palavra do Senhor veio a mim nestes termos: Filho do homem, profetiza contra os pastores de Israel! Profetiza, dizendo-lhes: Assim diz o Senhor Deus aos pastores: Ai dos pastores de Israel que se apascentam a si mesmos! Acaso os pastores não devem apascentar as ovelhas?

Tomais de seu leite, vestis sua lã e matais os animais gordos, mas não apascentais as ovelhas.

Não fortalecestes a ovelha fraca, não curastes a ovelha doente nem enfaixastes a ovelha quebrada. Não trouxestes de volta a ovelha desgarrada, não procurastes a ovelha perdida, mas as dominastes com dureza e brutalidade.

As ovelhas se dispersaram por falta de pastor, tornaram-se presa de todos os animais selvagens. Dispersaram-se minhas ovelhas e vaguearam sem rumo por todos os montes e colinas elevadas. Minhas ovelhas se dispersaram por toda a extensão do país, sem que ninguém perguntasse por elas ou as procurasse.

Procurarei a ovelha perdida, reconduzirei a desgarrada, enfaixarei a quebrada, fortalecerei a doente e vigiarei a ovelha gorda e forte. Vou apascentá-las conforme o direito.

"Quanto a vós, minhas ovelhas", assim diz o Senhor Deus: "Julgarei entre uma ovelha e outra, entre carneiros e bodes".

Não vos bastou pastar na viçosa pastagem, para ainda pisotear com as patas o restante de vossos pastos? Beber água cristalina e turvar com os cascos o resto das águas?

Assim minhas ovelhas devem pastar o que pisoteastes com as patas e beber a sujeira de vossos cascos. – **Ez 34,1-6; 17-19**

Este capítulo trata de outra classe de pastores, pastores que, em vez de apascentar o rebanho, "apascentam a si mesmos" (Ez 34,8). São os criadores poderosos de gado que ocuparam as melhores terras. Há vinte e cinco anos deixei Buenos Aires por alguns dias, para ir acampar na província de Neuquén, a oeste da Argentina. Nos Andes demos com uma pequena comunidade isolada, de indígenas necessitados. Não havia homens, só mulheres e crianças, que padeciam de toda classe de enfermidades. Para ganhar alguns "pesos" (moeda do país), os homens viam-se obrigados a trabalharem como tosquiadores, a centenas de quilômetros de distância, em regiões baixas onde, a partir da época colonial, os grandes criadores iam ocupando as terras mais férteis. Tinham expulsado de lá os habitantes nativos para zonas cada vez mais altas e inóspitas. Devido ao frio e às nevadas, estas pessoas contavam só com três meses ao ano aptos para o cultivo. As maçãs permaneciam pequenas e verdes nas macieiras. A ingestão de tanta fruta imatura causava diarreia e mortalidade infantil.

Faz tempo que a opressão econômica já não só se manifesta sob a forma de exploração: salários miseráveis e trabalhos forçados. Na economia mundial atual, há pobres em massa *"excluídos do processo econômico"*. O Ocidente prescinde deles. Além do mais, na economia se trata de fazer lucro, se não, fica estancada. Os indígenas e outros povos "primitivos" só constituem obstáculos neste processo. Deveriam estar contentes, porque vai bem para os ricos, já que só assim podem surgir oportunidades para eles. Naturalmente, eles mesmos são responsáveis se não as aproveitam. É que não são "produtivos"...(no capítulo 9 se aborda este assunto). Bem conhecemos as teorias racistas dissimuladas, segundo as quais os pobres não sentem a necessidade de "integrar-se no sistema", já que suas precisões são muito modestas. Mesmo não estando satisfeitos com o que têm, preferem a apatia, por falta de "motivação" para se "desenvolverem".

Com quanta veemência o profeta Ezequiel arremete contra essa autojustificação dos ricos! Deus diz: "Esses pastores verão o que é bom! Aqui estou eu contra os pastores: reivindicarei meu rebanho de suas mãos e não mais o apascentarão" – nós diríamos: "já não criarão mais emprego". "Assim os pastores não voltarão a apascentar a si mesmos. Eu arrancarei minhas ovelhas de sua boca, já não serão mais sua presa" (Ez 34,10).

Esses ricos se apossaram dos recursos naturais, mas são chamados "pastores". Devem ser "os guardas de seu irmão". Então são tratados como homens, em vez de funcionários impotentes do Sistema Técnico, no qual fizeram carreira. Nos tempos bíblicos, este sistema ainda não existia, mas sim o carreirismo e o afã de riqueza. No mundo de hoje, o "móvel dinheiro" sistematizou-se, mas a mensagem profética permanece igual. Esta se dirige a Israel, mas é óbvio que se dirige também "às nações" (Ez 34,28-29); conforme a visão, o bom pastor sairá de Israel: "meu servo Davi". Ele apascentará o rebanho (Ez 34,23-24).

Há outra metáfora. Os ricos e violentos também são comparados com as mesmas ovelhas. Por isto, Deus julgará entre ovelha e ovelha, entre carneiro e cabrito: "Parece-lhes pouco pastar em bons pastos?". Muitas vezes as elites modernas e a classe média nos países ricos não estão conscientes de tanta "violência e dureza"

(Ez 34,4), devido ao caráter anônimo do "sistema", onde o pobre permanece invisível atrás das imagens na televisão.

O historiador inglês Simon Schama, em seu livro famoso sobre a idade de ouro holandesa, de "abundância e *incomodidade*": os comerciantes ricos de Amsterdam costumavam cuidar para não aparecer demais sua riqueza em público. Perante o mundo exterior, observavam um estilo de vida modesto e faziam doações para a igreja. Em nossos dias a riqueza perdeu sua vergonha. Ouvimos o presidente Bush, durante um comício eleitoral dos ultrarricos de seu partido, dizer: Já me recriminaram por me apoiar nas elites endinheiradas; pois bem, eles têm razão. Vocês são minha base social, porque são vocês que financiam minha campanha eleitoral. Houve logo um grande aplauso.

Na época *moderna*, também vivemos no Estado moderno. Este proclama toda a classe de medidas e leis, sobre as quais não podemos exercer influência real. Uma vez realizada a preparação técnica para a tomada de decisões, estas terão de ser executadas, seja como for. Durante o serviço religioso, num domingo organizado pela Diaconia Internacional na igreja protestante de Utrecht, um grupo de jovens representou uma peça teatral com uma canção que dizia: "No país dos cegos, o caolho é rei, a visão dos ministros é estreita". Na economia só se trata de dinheiro; o homem e a natureza lhe são subordinados". Os ministros impotentes, "de visão estreita", só podem tomar decisões no final, isto é, sobre problemas que já se *originaram* nessa mesma política. Estes problemas só permitem um enfoque pré-determinado, aprovado pelo Sistema Técnico, do qual os ministros fazem parte. Para o enfoque desses problemas, os ministros dependem dos pareceres ou ditames dos técnicos:

planejadores de infraestrutura e segurança social, técnicos especializados em economia e relações públicas, e gerentes de saúde pública e educação. Quando o governo se encontra com dificuldades na sociedade, também se trata de um problema *técnico:* "é preciso revisar as técnicas de comunicação; não o teremos *explicado* com a devida *eficiência*".

Os problemas são formulados de tal maneira que se encaixam no sistema, onde "um dignitário exerce vigilância sobre outro dignitário" (Ecl 5,7), havendo sempre um funcionário superior que controla os demais oficiais. Traduzido em cifras: tantos solicitantes de asilo devem sair do país. Por quê? Porque se trata de um número fixado pela política. Dessa maneira, podemos controlar o problema e, se logo surgissem *outros* problemas, "sujeitos ao homem e à natureza", simplesmente deixamos esses homens e a natureza fora da abordagem do problema. As únicas normas pelas quais se julga a política são a própria política.

Os pobres do mundo moderno dominado pela cultura "tecnicista" (veja cap. 15) não somente são pobres pela carência de ordenados ou ordenados muito baixos. Foram excluídos do próprio Sistema Técnico. A definição clássica da propriedade tornou-se obsoleta. O capital que falta aos pobres no Sul é, sobretudo, o "capital social": educação, saúde pública, infraestrutura, acesso aos serviços das empresas de utilidade pública, emprego, direito a uma pensão. O que vale na sociedade técnica são a capacidade técnica e o "nível social". Também o acesso aos meios de comunicação para que, em vez de limitar-se a enfatizar a condição de vítimas dos pobres, se lhes ofereça uma "plataforma" que lhes permita expressarem-se no espaço público e participarem da sociedade. Pois, na sociedade moderna, não só se trata de obter informação, mas também da criação e divulgação da mesma.

Os povos esquecidos da terra sofrem não só de pobreza individual; sua pobreza é *coletiva* e *política*.[1] O Sistema Técnico costuma guardar silêncio sobre a morte e a violência, com exceção dos sucessos que provocam o furor midiático e os fugazes noticiários cotidianos. Eles não são funcionais na sociedade técnica. O fato do mundo ter sido globalizado é um "fenômeno tecnicista" (Ellul). "Os pobres de verdade" são as minorias étnicas e culturais ignoradas, "que não têm nenhum direito à independência, que devem ser apagadas, a quem nunca se dá razão".[2]

Haverá os que vão objetar: mas onde está o crescimento econômico? Acaso este não depende da iniciativa empresarial que, ao fim e ao cabo, é impelida pelo afã do lucro? E acaso o sentido empresarial não gera emprego, combatendo assim a pobreza? Ainda que isto esteja certo, não leva em conta o mecanismo da exclusão, inerente ao Sistema Técnico. O prestigiado economista peruano Adolfo Figueroa publicou uma nova teoria do desenvolvimento econômico,[3] que oferece uma explicação para este *mecanismo de inclusão ou exclusão* do sistema "capitalista" todo-poderoso. Figueroa põe o dedo no ponto cego do discurso econômico corrente (atual), que atua como se as sociedades e a comunidade mundial fossem *homogêneas* a partir de um ponto de vista social.

---

[1] Jacques Ellul, *Trahison de l'Occident,* Paris, 1976, p. 110.

[2] *Ibid.,* p. 111.

[3] Adolfo Figueiroa, *Las sociedad sigma. Uma teoria del desarrollo económico,* Lima/ México, 2003.

Entretanto, nem todos os elementos da sociedade funcionam de acordo com os pressupostos do capitalismo ocidental. A disparidade nos proventos tem sua origem nas diferenças estruturais, que devem ser explicadas pela *heterogeneidade* histórica: no capitalismo, os pontos de partida dos participantes são *desiguais*. Os pobres das "minorias étnicas" – em numerosos países constituem a maioria – são excluídos do processo econômico, já que não estão em condições para entrarem com o mesmo "capital inicial". É uma luta com armas desiguais. São totalmente incapazes de competirem com o sistema tecnicista. Não só carecem do capital físico ou financeiro; o que lhes falta, sobretudo, é o capital cultural e político, necessário para fazer valer seus direitos. Esta é a causa pela qual a riqueza não vai se infiltrando (*trickles down*) até os pobres, impedindo que se produza largamente a convergência da riqueza e da pobreza, tal como prognostica, por conveniência, a teoria econômica. Faz décadas que a brecha entre ricos e pobres, entre os setores "modernos" e "tradicionais", vai se afundando cada vez mais. A desigualdade é fundamental: ela se encontra nos próprios fundamentos da sociedade. O sistema econômico-político capitalista é hierárquico, e as minorias étnicas não fazem parte desta hierarquia.

Segundo a teoria corrente, a desigualdade se deve a sua (falta de) atuação *dentro* do sistema. Entretanto, Figueroa demonstra que, sem dúvida, este sistema inclui determinados grupos, mas por um nada *exclui* outros, criando classes sociais marginalizadas, despojadas de direitos. Investir em semelhante economia, fundamentalmente desigual, só pode resultar em mais desigualdade. Isso também explica o fracasso das "décadas do desenvolvimento". A desigualdade estrutural, política e cultural é um fato que simplesmente fica fora do campo teórico de visão. Também o Banco Mundial e o Fundo Monetário Internacional apenas prestam atenção a esta imprescindível "reforma do desenvolvimento" (Figueroa).

"O critério usual para determinar o êxito, isto é, o crescimento da renda nacional", é, segundo Schumacher, "enganoso em extremo e só pode levar a situações qualificáveis de neocolonialismo".[4] Entretanto não se trata necessariamente de um objetivo *deliberado* dos ricos, que consistiria em "empurrar a torto e à direita", batendo com os chifres todas as ovelhas mais fracas, até dispersá-las para fora" (Ez 34,21), isto é, até "excluí-las do processo econômico".

Geralmente, a intenção é completamente o contrário. Cometeríamos uma grande injustiça com nossos empresários se acusássemos a todos de perseguir semelhante propósito. Mas, continua Schumacher, "isso aumenta o problema em vez de o reduzir". No perverso sistema tecnicista, esboçado no capítulo anterior, as melhores intenções também determinam o curso dos acontecimentos.[5] São métodos de produção, normas de consumo, critérios de êxito ou fracasso, sistemas de valores e pautas de conduta que se estabelecem nos países pobres. No entanto estes somente cumprem as condições de um nível de abundância já alcançado, acabam por empurrar os países pobres cada vez mais inevitavelmente até a dependência estrutural e total dos países ricos".[6]

Nossa conclusão não pode ser outra senão que, igual ao economista Figueroa, devemos ver com olhos muito críticos a atual economia "acadêmica". A ciência precisa vincular-se novamente à *verdade.* "Tenho mais prudência do que todos os meus mestres, porque minha meditação são teus ditames; por tuas ordens adquiro *inteligência,* por isso odeio todos os caminhos da mentira (Sl

---

[4] E. F. Schumacher, *Small is beautiful. Economics as if people matters,* Nova York, 1973, p. 182.

[5] Cf. p. 177.

[6] Schumacher, *Small is beautiful,* p. 183.

119,99.104). "Eu escolhi o caminho da lealdade", diz o salmista, inclina meu coração para teus mandamentos, e não para o lucro injusto" (Sl 119,30.36). Não me deixo confundir por ideologias, estratégias agressivas de técnicas de mercado, propaganda política e televisão. Porque não esqueço que "por causa do lucro eles vos explorarão com palavras ardilosas" (2Pd 2,3).[7] Queremos algo melhor do que os meios de comunicação de massa. "Bebamos em nosso próprio poço."[8]

---

[7] Nota 49, p. 127.

[8] Gustavo Gutiérrez, *Beber en su proprio pozo: Em el itinerário espiritual de un pueblo,* Lima, 1983.

17 | A quem tem, dar-se-á
"O efeito Mateus"

Ensinou-lhes então muitas coisas em forma de parábolas. Em uma delas, ele diz: "Um semeador saiu a semear. E, ao lançar as sementes, uma parte caiu à beira do caminho; os pássaros vieram e comeram-na. Outra parte caiu em terreno pedregoso, onde não havia muita terra; as plantas brotaram logo, porque a terra era pouco profunda. Mas, logo que o sol nasceu, elas murcharam e secaram por não terem raiz. Outras sementes caíram entre os espinhos; os espinhos cresceram e sufocaram as plantas. Finalmente, outras caíram em terra boa e produziram fruto, colhendo-se ora cem, ora sessenta, ora trinta vezes mais. Quem tem ouvidos para ouvir, ouça!".

Aproximaram-se então os discípulos e perguntaram-lhe: "Por que lhes falas em parábolas?". Jesus respondeu: "Deus manifestou a vocês os mistérios do Reino dos Céus, mas a eles não. A quem já possui alguma coisa, será dado mais, e suas posses serão imensas; mas quem não tem, será tirado até o pouco que tem. É por isso que lhes falo em parábolas: porque olham sem ver e escutam sem ouvir nem responder. Neles se cumpre a profecia de Isaías:

Será inútil vocês ouvirem – não entenderão; será inútil vocês olharem – não verão. **– Mt 13,3-12**

Nos capítulos anteriores dissemos que seria injusto passar para os empresários a culpa do mau funcionamento econômico do

Terceiro Mundo. Geralmente suas intenções são *íntegras*. Além do mais, são "peritos na matéria" e muitos deles fazem uma trabalho excelente. A esse respeito é óbvio que, sem o apoio do Estado e de toda a sociedade técnica, que constitui seu marco de referência, origem e entorno, um empresário não seria capaz de nada. O historiador Tawney escreveu: "Poucas manifestações do intelecto cotidiano são tão curiosas como a psicologia do homem de negócios, que atribui seus êxitos inteiramente a seus próprios esforços, realizados sem nenhum tipo de ajuda, perfeitamente inconsciente de que, sem o apoio contínuo e a proteção incessante da ordem social, seria como uma ovelha soltando balidos no deserto".[1] Semelhante segurança de si mesmo é chamada por Tawney "complexo de individualismo". Cabe observar, felizmente, que atualmente muitos empresários que têm reorientado sua visão da ordem social, não só compreenderam sua própria dependência da ordem social, como também (em muitos casos) têm se empenhado em fazer negócios de maneira "socialmente responsável".

Não é nova a ideia liberal de atribuir os frutos de "meu" trabalho inteira e exclusivamente a meus próprios esforços e escolhas. É ideologia religiosa secularizada. Tawney cita um folheto puritano de meados do século XVII: "Não cabe dúvida de que a riqueza fica melhor na pessoa piedosa, sempre e quando lhe for benéfica" – o autor relativiza algo! –, "do que no malvado, já que a vida devota contém promessas, tanto para esta vida como para a vindoura". Nos Estados Unidos ainda se ouvem muitas prédicas sobre o êxito econômico como recompensa de uma vida "devota". É o que se denomina "pensamento econômico cristão". Ou seja, porque depende

---

[1] Tawney, *Religion and the ris of capitalism*, p. 264.

dele mesmo se o dinheiro se multiplica ou não! O "homo oeconomicus" ocidental atribui a si próprio o mérito se tiver êxito. "Minhas riquezas são a prova de minhas virtudes econômicas". A ideia do homem, que o burguês da Europa se formava cada vez mais de acordo com sua própria pessoa, agora também se aplica a outro: "quem não tem dinheiro, quem não sabe aproveitar a vida, quem é pobre, não tem valor. O pobre mesmo é o responsável por sua pobreza". Esta autojustificação do burguês realizado não pode ser, senão, diametralmente oposta à justificação pela fé.

Mas também o "capitalista devoto" conhece a Bíblia. Acaso não é Cristo quem diz: "quem tem, receberá mais"? Aquele que não tem dinheiro, tampouco pode esperar ganhar mais, já que para ganhar tem de investir primeiramente. Precisa gastar quem quer ganhar. Se teus recursos são modestos, corres perigo de perder o pouco que tens na guerra feroz de competição do mercado. Por isso procura ganhar muito dinheiro, explorando ao máximo teus talentos,[2] pois somente assim poderás ganhar mais.

Há os que pensam poder basear esta "curiosa manifestação do intelecto cotidiano" em Mateus (Mt 13,12 ou 25,29). Por isso se fala – ironicamente? ou por brincadeira? ou a sério? – do "efeito Mateus". Do contexto bíblico, o texto é transportado integralmente para o próprio âmbito vital do individualista. Este assimilou por completo a ideologia da cultura da sujeição ao Sistema Tecnicista, onde o dinheiro cresce "autonomamente" com um pouco de ajuda.

Conforme Ellul, a Técnica é um assalto ao coração. A cultura técnica, que efetivamente parte do crescimento autônomo (au-

---

[2] Cf. o capítulo seguinte.

tocrescimento) do êxito, se converteu numa nova "natureza" que envolve o homem, o qual também foi "reinventado". Na sociedade moderna, a posição do indivíduo já não está mais determinada pela relação com os semelhantes, mas com a técnica. "Esta mudança total da raça humana não se deve ao efeito de uma teoria coletivista ou ao anseio de poder de alguém. A causa é muito mais profunda: pode ser humana ou não. *Não é humana* por ter sido originada de coisas e circunstâncias; *é humana* por satisfazer os desejos que o coração de todo o homem moderno abriga".[3] As pessoas com semelhante visão distorcida e coração "metalizado" (como é chamado no fim do capítulo 11) também se contrapõem à interpretação da Bíblia. Não pode haver maior contraste entre as palavras de Jesus Cristo e as daqueles que estão obsessionados pelo dinheiro.

Jesus conta a parábola do semeador. Os discípulos lhe perguntam: "por que nos falas em parábolas?". "É porque a vocês foi dado conhecer os mistérios do Reino dos Céus, mas a eles não" (Mt 13,11). Aos que estão "por fora" fala-se tudo em parábolas (Mc 4,11). E logo vêm estas palavras misteriosas: "*Porque a quem tem, se dará e sobrará; mas a quem não tem, mesmo o que tem lhe será tirado*".

Nos evangelhos aparecem em vários lugares, quando Jesus explica por que fala em parábolas (Mt 13,12; Mc 4,25; Lc 8,18). Também no relato dos talentos (Mt 25,29) e dos juros (Lc 19,26), que serão tratados no capítulo seguinte. A frase aparece também na parábola da lâmpada sobre o candelabro (Lc 8,16) e, em forma modificada, na parábola sobre o senhor que regressa de uma festa de bodas (Lc 12,48).

---

[3] Jacques Ellul, *The technological society,* Nueva York, 1964, p. 335. É a tradução para o inglês da *La technique ou l'enjeu du siècle* (1954). Em espanhol: *Las edad de la técnica,* Barcelona.

Geralmente estas palavras são mal interpretadas e, como acabamos de ver, sua aplicação pode ser das mais vulgares.

Entretanto a parábola do semeador, como também a dos talentos (cap. 18), não trata de dinheiro. Qual o significado das palavras: "a quem tem, será dado mais"? Significam que a Palavra de Deus não se trata de uma mensagem de propaganda comercial, um planejamento geral ou abstrato num debate, um dogma independente, ou um discurso intelectual que cada pessoa dotada do senso comum deveria considerar e aceitar. "Eu te conto uma coisa que ainda não podes saber". Não é uma técnica de comunicação moderna: com uma "emissora" da "mensagem", um canal (a mídia) e um "receptor", cujo comportamento a emissora procura modificar. Em geral, a mensagem publicitária ou propagandística deve ser suficientemente simples para ter o resultado desejado, isto é, surtir *efeito* por sua clareza ou agressividade.

Entretanto a pregação ou a catequese não são aptas para serem exibidas nos cartazes de propaganda. O testemunho de Jesus Cristo não se obtém em separado; não é um "dogma" isolado, separado do *mistério* (Mt 13,35). Quanto mais pública for a pregação, mas se afasta do mistério messiânico. Por isso Jesus não "prega" em público, na "televisão", diante das multidões; isso não teria sentido. Fala, contudo, em parábolas para todo aquele que tenha ouvidos. "Mas a seus próprios discípulos ele explicava tudo em particular" (Mc 4,34; Mt 13,13-17).

Jesus, quando fala, não nos vê *só como receptores* de sua mensagem. No meio dessas multidões, há os que *não,* mas também os que *já fazem parte, que já participam* do mesmo mistério. Ademais, o Espírito está presente no falar e no ouvir. Porque a prédica em si mesma não faz com que a gente ouça. O ouvinte faz parte da pregação! O orador, assim como o ouvinte que compreendeu, faz parte da mesma comunidade e é capaz de entender o significado das palavras de Jesus. Tampouco Jesus fala por si mesmo. Tanto o orador, como os ouvintes, depende do grande Terceiro: da comunidade do Espírito, que faz falar e entender.

O orador, assim como o ouvinte, é "envolvido" por esse mistério. É para quem "tem ouvidos para ouvir" e olhos para ver. O poeta Jan Wit diz do *entendedor:* "Envolvido por um segredo, expulso por todas as coisas, entra em todas as coisas".[4] Um pintor contemporâneo expressou-se assim: "É impossível falar do mistério; para entendê-lo, terá de ser recebido na alma".

Um dos rabinos da época de Jesus disse: "Deus não vem para importunar o homem, mas chega na proporção da capacidade que cada um tem de o receber".[5] Porque há muitos que, ouvindo, não escutam. "Pois eu vos asseguro que muitos profetas e justos quiseram ver o que vedes, mas não viram; ouvir o que ouvis, mas não ouviram" (Mt 13,17). Estas coisas foram reveladas aos "pequenos" (Mt 11,25).

Esta "mensagem" é para aquele cuja mente já está aberta para receber o segredo, do qual já é participante. Trata-se do ouvinte. E quando este tiver recebido a mensagem, ela *irá crescendo nele*: porque a quem tem, se dará e sobrará; mas a quem não tem, mesmo o que tem, será tirado.

Por isso, Jesus diz (Mc 4,24): *Fiquem atentos ao que escutam – como escutam, por que* escutam. Como ouvintes de Jesus, não somos consumidores passivos. Por exemplo, acaso estamos olhando sem compromisso? Não somos críticos de sua pregação! Podemos

---

[4] Cancioneiro das igrejas na Holanda, canto 480.

[5] Karen Armstrong, *Geschiedenis van God,* Amsterdam, 2003, p. 92. *(A history of God. From Abraham to the present: the 4000 year quest fo God,* Londres, 1993.)

vê-lo de longe, como fenômeno interessante sobre o qual damos uma informação. Talvez queiramos ouvir uma autoafirmação. Ou, pelo contrário: um ataque a nossa existência. Temos uma réplica em seguida? Contestamos com uma pergunta capciosa? Fazemos uma análise racionalista?

Também os fariseus e doutores da Lei ouviam, às vezes, com o propósito de iniciar um debate. Então a "mensagem" se converte em algo que está a uma distância segura. Num comentário dos textos evangélicos, eu li: nas parábolas de Jesus, há mil possibilidades para ignorar o mistério messiânico. Mas, para os que chegam a entender o significado oculto – o qual às vezes toma uma vida inteira –, o ouvir se converte num compartilhar, num formar parte de uma aliança. "O segredo do Senhor é para os que o temem; sua aliança, para lhes dar cordura" (Sl 25,14).

A presença do Messias é um segredo que nos envolve, mas sobre o qual não é preciso que falemos numa linguagem secreta. Nós mesmos somos convidados a ser uma parábola de Jesus. Uma parábola se distingue pela clareza de imagens reconhecíveis na vida cotidiana. "Cartas conhecidas e lidas por todos", diria São Paulo (2Cor 3,2-3). Depois de tudo o que falamos, "ninguém acende uma lanterna e a cobre com uma vasilha ou põe-na debaixo de uma cama, mas sim sobre o candeeiro, para que os que entram vejam a luz" (Lc 8,16). "Vejam, pois, como ouvem!", pois a quem tem, se dará; e a quem não tem, lhe será tirado o que pensa ter" (Lc 8,18).

18 | *Servos inúteis*
A parábola dos talentos

O Reino dos Céus será também como um homem que, tendo de viajar, chamou os servos e lhes confiou seus bens. Deu a um deles cinco talentos, a outro dois, a outro um. Deu a cada um de acordo com sua capacidade. E partiu. Ora, aquele que havia recebido cinco talentos foi logo negociar com eles e ganhou outros cinco. Do mesmo modo, aquele que havia recebido dois ganhou outros dois. Mas aquele que havia recebido um talento só saiu, fez um buraco no chão e aí escondeu o dinheiro do senhor. Muito tempo depois, voltou o senhor desses servos e pediu contas.

Aproximou-se aquele que tinha recebido cinco talentos e apresentou os outros cinco, dizendo: "Senhor, entregaste-me cinco talentos, eis aqui os outros cinco que ganhei". Disse-lhe o senhor: "Muito bem, servo bom e fiel. Você foi fiel no pouco, eu lhe confiarei muito. Venha alegrar-se com seu senhor!" – **Mt 25,14-21**

Quem de vocês, tendo um servo trabalhando na lavoura ou com os animais, lhe diz quando ele volta do campo: "Venha logo sentar-se à mesa"? Será que não lhe diria antes: "Prepare-me o jantar; apresse-se e fique servindo até que eu acabe de comer e beber. Você comerá e beberá depois"? E o senhor, por acaso, fica devendo favor ao servo, porque este fez o que lhe foi mandado? Assim também vocês, depois de terem feito tudo o que lhes foi mandado, devem dizer: "Não somos mais que simples servos: só fizemos nossa obrigação". – **Lc 17,7-10**

Estão vendo?! – dirão muitos – finalmente a prova de que "a quem tem, também se dará", posto que aqui deve tratar-se inequivocamente do *dinheiro*. Há um servo que investe cinco talentos para obter benefícios de 100%, de modo que seu senhor faz grandes elogios dele! Acaso Jesus não se expressa aqui com maior clareza? Cada um deve explorar seus "talentos" ou capacidades; deve aproveitá-los e multiplicá-los. Também nossos meios de comunicação se dedicam com entusiasmo à "caça de talentos", e os candidatos que participam fazem todo o possível para ter êxito.

"Talentos"... não se trataria de dinheiro? Evidentemente, é possível, dinheiro utilizado para um fim bom. Um dia, a igreja a que eu pertencia durante meus anos em Buenos Aires lembrou-se de que eu era economista. Por isso lhes pareceu uma boa ideia encarregar-me de fazer o sermão dominical que tratava dos talentos, posto que precisavam de *dinheiro* para a construção de uma nova igreja... Supunha-se que eu, sendo economista, entendia dessas coisas. Conforme julgavam, semelhante pregação seria boa para uma coleta.

Mas – "reparem como escutam...". Vimos que Jesus fala em *parábolas*. Para isto, serve-se de imagens cotidianas, que todo o mundo pode reconhecer em sua redondeza. Na economia agrária onde se desenrolava a vida de seus ouvintes, todos estavam familiarizados com a semeadura das sementes, o trabalho agrícola do escravo, a candeia que colocas na casa sobre um suporte em lugar adequado etc. Não podemos interpretar literalmente tais imagens como se personificassem a própria mensagem. Jesus não queria dizer: agora, vai logo ao mercado comprar uma boa mesinha para a lanterna que tens em casa. Nem disse: tens de investir teu dinheiro, de tal modo que produza o rendimento máximo. Aquele investidor bem-sucedido da parábola não é mais que uma *imagem*.

As parábolas de Jesus tratam do "Reino dos Céus" e da maneira com a qual seus ouvintes se relacionam com ele. A pregação do Reino não é o mesmo que moralizar. A parábola dos talentos vem depois da parábola das "virgens prudentes e imprudentes", que deviam manter acesas suas lâmpadas à espera do noivo (Mt 25,1-13). "Portanto, estejam vigilantes porque não sabem nem o dia, nem a hora" (25,13). No capítulo anterior está escrito: "Daquele dia e hora, ninguém sabe nada, nem os anjos do céu, nem O filho" (Mt 24,36). Isto não tem nada a ver com a segurança econômica que o investidor pensa obter com seu "risco calculado". Em vez de sua própria atuação racional numa "sociedade amoldável", trata-se aqui de uma realidade que não se forja, mas que está aí.

Em Lucas (Lc 19,11-27), Jesus conta a parábola das "minas"[1] a seus doze discípulos, dentro de um contexto totalmente distinto, quando caminha para Jerusalém, após ter anunciado a proximidade de sua paixão. "Eles nada disso compreenderam; estas palavras ficaram ocultas para eles e não entendiam o que estava dizendo (Lc 18,31-34). Logo segue a cura de um cego e o relato impressionante de Zaqueu, que se compromete a devolver o quádruplo do dinheiro que extorquira do povo como coletor de impostos (Lc 19,8). É evidente que esse quádruplo ele não obtivera unicamente com suas práticas de extorsionário (só em tal caso seria capaz de devolver os 100%), mas também do rendimento de todos os seus investimentos obtidos com esse dinheiro. O povo ficou muito impressionado com o súbito arrependimento de Zaqueu ("estando o povo escutando essas coisas" [Lc 19,11]), mais ainda, "pois Ele

---

[1] Outras traduções não dizem "mina", mas "uma moeda de muito valor", "moeda de ouro", "grande quantidade de dinheiro" ou "onça".

estava perto de Jerusalém e eles acreditavam que o Reino de Deus *apareceria de um momento para outro.*

Logo vem, como uma bacia de água fria, a parábola das minas (Lc 19, 11-27). É o desengano de uma expectativa *equivocada.* Parece que o relato das minas forma o contrário da "lógica" do Reino dos Céus. É uma "parábola de crise",[2] Jesus diz: Olha somente a teu redor e dize-me o que estás vendo. E logo segue uma história, igual a do realista do Eclesiastes (cap. 15). Porque o que estás vendo é obra do poder *mundano.* Esta parábola também se enlaça com a vida cotidiana do povo daquele tempo. Não parece improvável que Jesus tenha tido na mente a história de Arquelau, filho do rei Herodes. Sendo Jesus ainda um bebê, seu pai José havia tido tanto medo do rei, que, depois de ter fugido para o Egito, ao regressar, retirou-se para a Galileia, para ir viver em Nazaré. "O anjo do Senhor lhe havia aparecido em sonhos, avisando-o" (Mt 2,19-21). No princípio da era, após a morte de Herodes, rei da Judeia, Arquelau, pretendente ao trono, viajou para Roma, a fim de receber a investidura real. Ao mesmo tempo, uma missão judaica integrada por cinquenta homens partiu para impedi-lo. Pelo visto, Arquelau já havia forjado uma fama de grande crueldade e "não queriam que ele reinasse sobre eles". Por isso, ao regressar de Roma, vingou-se sangrentamente dos judeus.[3] "Aqueles inimigos meus, os que não quiseram que eu reinasse sobre eles, sejam conduzidos aqui e matem-nos diante de mim" (Lc 19,27). Este homem é um déspota.

Obviamente, o "nobre senhor" em Lucas não é o mesmo em Mateus. Em Mateus, não se trata da lógica dos Reinos terrestres,

---

[2] Joachim Jeremias, *Die Gleichnisse Jesu,* Göttingen, 1977, p. 56.

[3] *Ibid.*

mas a do Reino dos Céus, embora pareça haver uma fusão, algo negligente na forma do relato.[4] A parábola de Mateus pretende ser uma alusão à "parusia",[5] à chegada do Reino. O senhor personificado por Arquelau, cujo veredicto resulta numa terrível matança, não é o mesmo em Mateus, o mesmo que no "juízo final", volvendo a vista para trás, diz: "Tive fome e me deram de comer, tive sede e me deram de beber; era estrangeiro e me acolheram; estava desnudo, e me vestiram; enfermo, e me visitaram; estava no cárcere e foram ver-me" (Mt 25, 35-36).

Como o senhor trata seus servos? Tem de viajar e lhes confia *todos os seus bens* (Mt 25,14). Agora tudo depende deles. Agora devem "julgar por eles mesmos o que é justo" (Lc 12,57). Agora vivem na *espera* de seu regresso. Isto é diferente na parábola das minas. Embora também lá o senhor se ausente, todos sabem que vai voltar num momento previsível (Lc 19,12). Esta "previsibilidade" não existe no caso em Mateus, onde os servos vivem completamente *na* espera. Poderão dizer "meu senhor tarda", mas, sendo assim, não tardarão em violar o direito *"e se* porão a bater em seus companheiros" (Mt 24,49).

O senhor, em Mateus, "chama seus servos e lhes recomenda sua fazenda". O "nobre senhor", em Lucas, encarrega alguns de seus

---

[4] Posto que Mateus confunda a forma de ambas as parábolas, a intenção de sua parábola dos talentos não pode ser, senão, uma representação do Reino dos céus (*Ibid.,* p. 56-57, 94*)*.

[5] Com essa palavra designava-se uma visita de dignitários ou a chegada do imperador ou rei a algum lugar do Reino. O escritor judeu Josefo usa o termo também para a aparição de Deus no monte Sinai ou em outros lugares do Antigo Testamento. "Parusia" significa "presença", "chegada", ou "chegada solene" (F. J. Pop, *Bijbelse woorden en hun geheim,* Haya, 1972, p. 414-415).

servos a negociar para ele, a ajuntar riquezas para ele (Lc 19,12-13). Aqui, sim, existe associação com o dinheiro (ver também Lc 19,15). Os talentos, em Mateus, são "confiados" aos servos; o senhor entra com eles numa sociedade limitada, faz um *pacto com eles*, adota uma posição de vulnerabilidade. A seu regresso inesperado, *ajusta contas com eles*, fazendo conjuntamente um balanço da empresa. "O senhor e o servo se entendem completamente."[6]

Em Lucas, as coisas se desenrolam da seguinte maneira: O *dinheiro* gera *dinheiro*. "Tua mina produziu dez minas" (Lc 19,16). E cinco no outro caso. O dinheiro se multiplica e se supõe que todos têm as mesmas possibilidades, já que seu capital de início é igual. Os que fizeram frutificar o dinheiro de seu senhor são recompensados com... o governo de dez e cinco *cidades*: com altos cargos dentro do sistema do poder. Por último se dirige a ele o servo que não havia investido em sua "mina". Manda entregá-la e dar a quem havia feito render mais. "A todo aquele que tem, dar-se-á; mas a quem não tem, tirar-se-á mesmo o que tem". De modo que assim sucede também com a lealdade mostrada perante os soberanos do mundo – e o dinheiro! A lealdade é recompensada; a deslealdade, e até a passividade, faz cair na desgraça. Outra pessoa vai medrar, graças a ela.

Na parábola de Mateus, o rendimento é *igual* aos bens que o senhor confiou a seus servos. Mateus não deseja enfatizar "aqueles elementos do relato que fazem alusão à boa disposição dos servos. Aí não está o essencial... Está radicado na palavra 'talentos', que explica tudo, já traz em si a força da multiplicação. Assim opera a graça de Deus. Mateus quer realmente dar uma boa notícia, que

---

[6] T. J. M. Naastepad, *Acht gelijkenissen uit Matteüs en Lukas. Verklaring van een bijbelgedeelte,* Kampen, s. f., p. 56.

não deixe o leitor desesperado e sem salvação, lutando com o problema da boa disposição; não se condena o leitor a um 'cristianismo positivo' ou algo nesse estilo. São os talentos que fazem tudo".[7]

Também, no Reino de Mateus, há um servo que não apresenta "ganhos". A sentença é severa; o senhor diz: "fizeste de mim uma caricatura, jogando a culpa em mim; a teus olhos sou um homem duro, que colhe onde não semeou". Esta é a grande negação da graça divina. É o raciocínio "metalizado",[8] "linguagem típica de uma comunidade devota, mas estéril".[9] Então o senhor faz seu este raciocínio, *e agora Mateus se expressa efetivamente em termos monetários!* Diz assim: devias, pelo menos, ter entregue meu dinheiro no banco, aos cambistas, dos quais eu teria cobrado o meu com juros abusivos – usando tua gíria de ladrões! Este servo não só tinha "guardado" o dinheiro (Lc 19,20), mas enterrado também. Ele foi – renegando seu trabalho – "cavar um buraco na terra e escondeu lá o dinheiro de seu senhor" (Mt 25,28), como se sepulta um morto. Em sua mão, o dom vivo se converte numa coisa morta... Em suas mãos, o talento se converte, de repente, em... dinheiro...[10]

Tom Naastepad percebe um simbolismo bíblico nos números 5, 2 e 1 (Mt 25 SS), mencionados na parábola de Mateus. Há cinco livros de Moisés que juntos formam a Torá. O "2" representa a tradição posterior de Moisés e dos profetas. E "1" representa o "único Senhor", que se manifesta como a Torá viva, como a lei e

---

[7] *Ibid.*, p. 61.

[8] *Ibid.*, p. 101.

[9] *Ibid.*, p. 63.

[10] *Ibid.*, p. 55.

os profetas numa forma iniludível: "Cristo".[11] E Cristo é rejeitado (Mt 21,33-42). Para o servo que havia recebido só um talento, este continua sendo "uma coisa estranha em sua vida, que não chega a formar parte de sua existência. E quanto à piedade divina: é bem capaz de viver sem ela, e de fato é o que prefere".[12]

"Tudo aqui é alienação.[13] O homem *tem medo*. Inventa para si um raciocínio para se manter inteiramente a distância. Este temor representa o maior insulto. Nada a ver com o temor de *Deus,* que significa uma atitude bem distinta: um ato, um encaminhar-se. É como entrar numa relação, numa atitude de respeito. "Vigia teus passos quando vais para a casa de Deus. Acercar-se na obediência, vale mais do que o sacrifício dos insensatos" (Ecl 4,17). Certo, Deus está no céu. E tu na terra (Ecl 5,1), que *teus raciocínios sejam poucos,* mas, diz Ellul, todo o anterior significa: "aproxima-te para escutar". Vem, aproxima-te. E "vê bem como escutas". Se fazes voto a Deus, não tardes em cumpri-lo (Ecl 5,3), como um sócio comanditário. "Nosso único vínculo com Deus é o da Palavra."[14] Quanto a tuas próprias palavras, tens cuidado com elas; *mas tu temes a Deus* (Ecl 5,6).

Mas este "medo" não é covardia ou temor no sentido humano. É respeito. Não é familiaridade, mas confiança. Primeiramente está a Palavra, a aproximação de Deus; logo depois, o escutar, nossa deferência, nossa aproximação. "Quem recebeu cinco talentos *se aproximou, dando-lhe outros cinco talentos.*" Diz "recebeu" em lugar de "havia recebido" no *perfeito*, como no versículo 24 (Mt 25,24),

---

[11] *Ibid.,* p. 53.

[12] *Ibid.,* p. 55.

[13] *Ibid.,* p. 64.

[14] Ellul, *La raison d'être*, p. 260.

onde se fala do servo que havia enterrado seu único talento.[15] Este também "se aproximou", mas não para escutar.

Voltemos ao mundo do dinheiro e da economia moderna. Ali tudo gira em torno da "utilidade", do rendimento e da "eficiência". Costumamos calcular os resultados. Mas os que se chamam cristãos vivem na espera de algo muito distinto (Mt 24,44). Muitos deles "assim o fazem amiúde, como se a chegada do Messias fosse ato consumado".[16] Contudo os judeus nos ensinam que viver com a Palavra significa, antes de tudo, uma vida na esperança, e só motivada pela esperança. Por isso Paulo conclui sua teologia sobre Israel (Rm 9-12,3) com uma exortação: "Eu vos rogo, pois, irmãos, pela misericórdia de Deus, que apresenteis vossos corpos como sacrifício vivo, santo e agradável a Deus" (Rm 12,1). Vossos *corpos:* Paulo era um leitor judeu da Bíblia! Não disse: suas *ideias,* mas sua vida física, sua vida terrena, concreta. Isto *é*, diz Paulo, *seu culto eloquente.* Talvez pudéssemos traduzi-lo como: "seu culto racional" ou "seu culto espiritual", mas na essência é simplesmente: seu culto. Aqui também a linguagem provém da *escravidão.* Usa-se a palavra *latreia,* que originalmente significava trabalho assalariado ou trabalho de escravos. Este culto deve "falar". É uma atividade com "irradiação", com expressividade.

Acaso se deve agradecer ao escravo porque fez o que lhe foi mandado? (Lc 17,9). Não se limita a executar simplesmente suas tarefas, o que é muito natural? Temos de fazer tudo o que nos foi mandado, diz Jesus, e *logo,* após ter cumprido tudo, reconhecer que, conforme os desígnios de Deus, fomos apenas servos inúteis. Fizemos sim, mas *só* porque devíamos fazê-lo.

---

[15] Naastepad, *Ach gelijkenissen*, p. 63.

[16] Jacques Ellul, *Ce Dieu injuste...? Théologie chrétienne pour de peuple d'Israel,* Paris, 1991, p. 188.

A obra do Messias não depende de nós. Nós não estabelecemos o Reino dos céus. Não usamos "meios" para alcançar "objetivos". Fazemô-lo porque devemos fazê-lo. Isto *não* significa que podemos dizer de *antemão:* é inútil, não tem sentido, "o que rende?". Reconheceremos depois, "quando tivermos feito tudo o que nos foi mandado" (Lc 17,10). Somos inúteis. Deus é Deus. É misericordioso com quem deseja sê-lo (Êx 33,19; Rm 9,15), independentemente de nossas obras ou da utilidade que tenham nosso planos de gestão (eclesiásticos).

A futilidade – tradicionalmente o livro do Eclesiastes fala de "vaidade" – de nossa obra não pode ser pretexto para a passividade (já que devemos fazer o que nos é mandado); mas que no final deve ser uma profissão de fé na vinda do Messias, que cumprirá sua promessa, e que também nós o esperamos, não importa o muito que nos afadiguemos em seu serviço. Somos como a argila nas mãos do oleiro (Rm 9,20-21): massa informe, inútil em si mesma, sem a criatividade do desenho artístico.

A acomodação ao mundo presente (Rm 12,2), conforme Ellul, representa "nossa obsessão no perseguir a utilidade e a eficiência". Isso não é viver entregue à graça livre de Deus, "distinguindo qual é a vontade de Deus".

Nossas boas obras? Inúteis! – se se trata da chegada do Messias. Felizmente! Que grande alívio! E a diaconia mundial? – se bem que seja a vontade de Deus, é inútil também. A oração? É um *mandamento* de Deus, mas um serviço inútil ao mesmo tempo, posto que seu Pai celeste já sabe quais são suas necessidades (Mt 6,32). A pregação? Vontade de Deus e, entretanto, serviço inútil.[17]

---

[17] Cf. Jacques Ellul, *The politics of God and the politics of man,* Grand Rapids, 1973, p. 190-199.

Entretanto, se nos considerarmos, *a nós mesmos,* servos inúteis (Lc 17,10), *Deus não partilharia desta opinião.* "Se nos mostrarmos capazes de ver nosso trabalho, assim como nossas empresas mais entusiastas, com reserva, desapego e humor, de modo a dizer: é inútil", *então* quando vier o Messias – e quando cheios de assombro (Mt 25,37-39) lhe perguntarmos: Senhor, em que temos sido úteis? – podemos estar seguros de que ele contestará: *Eia, servo bom e fiel, já que foste fiel no pouco, dar-te-ei a administração do muito. Entra na alegria de teu Senhor (*Mt 25,21-23).[18]

---

[18] *Ibid.,* p. 196.

19 | Reedificarão, de ti, tuas antigas ruínas
A justiça eleva as nações

De que serve jejuar, se com isso não vos importais? E mortificar--nos, se nisso não prestais atenção? É que, no dia de vosso jejum, só cuidais de vossos negócios e oprimis todos os vossos operários. Passais vosso jejum em disputas e altercações, ferindo com o punho o pobre. Não é jejuando assim que fareis chegar lá em cima vossa voz. O jejum, que me agrada, porventura consiste em o homem mortificar-se por um dia? Curvar a cabeça como um junco, deitar sobre o saco e a cinza? Podeis chamar isso um jejum, um dia agradável ao Senhor?

Sabeis qual é o jejum que eu aprecio? – diz o Senhor Deus: É romper as cadeias injustas, desatar as cordas do jugo, mandar embora livres os oprimidos, e quebrar toda espécie de jugo. É repartir seu alimento com o esfaimado, dar abrigo aos infelizes sem asilo, vestir os maltrapilhos, em lugar de desviar-se de seu semelhante. Então tua luz surgirá como a aurora, e tuas feridas não tardarão a cicatrizar-se; tua justiça caminhará diante de ti, e a glória do Senhor seguirá em tua retaguarda.

Então a tuas invocações, o Senhor responderá, e a teus gritos dirá: Eis-me aqui! Se expulsares de tua casa toda a opressão, os gestos malévolos e as más conversações; se deres de teu pão ao faminto, se alimentares os pobres, tua luz levantar-se-á na escuridão, e tua noite resplandecerá como o dia pleno. O Senhor te guiará constantemente, alimentar-te-á no árido deserto, renovará teu vigor. Serás como um jardim bem irriga-

do, como uma fonte de águas inesgotáveis. Reerguerás as ruínas antigas, reedificarás sobre os alicerces seculares; chamar-te-ão o reparador de brechas, o restaurador das moradias em ruínas. – **Is 58,3-12**

Até agora se tratou, nesta última parte (cap. 15-18), da lealdade pessoal e da atitude de cada um perante Deus e os seres humanos. Todos, porém, devemos assumir também nossa responsabilidade com respeito à organização da sociedade. Eis aqui uma questão econômica por excelência. Também a política aparece no horizonte. Se bem que no capítulo anterior se tratava de *cidades;* estas eram para exercer o mando sobre elas. Os servos do senhor autoritário (Lc 19) foram recompensados com o governo de *cidades.* A cidade que caía em suas mãos passava a ser propriedade particular. Como vimos no capítulo 15, este poder privado, sobre bens pertencentes ao domínio público, existe em toda a parte. Isaías indica o caminho, não para a exploração da cidade, mas para sua reconstrução.

É famosa a história da conversão do dominicano Bartolomeu de Las Casas, à qual se faz referência no capítulo 4. Ele tinha acompanhado Colombo na segunda expedição para o novo mundo (1502), para tomar parte na colonização. Tinha então 17 anos, "metade soldado, metade clérigo". Nos doze anos seguintes foi, além de soldado e clérigo, proprietário de terras e indígenas. Em 1514, na ilha da Trindade, encontrou finalmente sua vocação. Ao preparar o sermão de Pentecostes, deu com as palavras seguintes do livro deuterocanônico (Eclo 34,18-19): "*Se alguém faz uma oferta com um bem adquirido ilegalmente,* esta oferenda está manchada, e não agrada ao Senhor dedicar-lhe dons de quem não observa as leis".

Como não pensar em todos aqueles ditadores na América Latina e em outras partes do mundo, tanto no passado recente como na atualidade. Ditadores que oprimem seus povos, no tempo em que, fazendo-se passar por benfeitores, vão repartindo seus "favores", uma escola ou parque aqui, um serviço de água potável lá; tudo em troca de votos e serviços políticos. Las Casas toma consciência de que construir igrejas na colônia, financiar a religião com o dinheiro extorquido dos índios, "desgosta o Senhor". "Os pobres têm de viver de esmolas. Quem rouba deles, derrama seu sangue. Quem subtrai a subsistência do pobre, é um assassino; despojar um diarista de seu pagamento, é despojá-lo de sua vida" (Eclo 34,21-22). É sua "primeira conversão": de colonizador a pregador. Las Casas renuncia a suas riquezas. Vinte e cinco anos mais tarde terá lugar uma segunda "conversão": de pregador a político.[1] Durante toda a sua longa vida lutará com vigor pelos direitos dos indígenas. A ética pessoal não é suficiente. Entretanto, começa-se com esta: "a extorsão converte o sábio em néscio" (Ecl 7,7; Lv 19,13).

O trabalho político de Las Casas se converte em vocação elevada. Trata-se das leis. Quantos políticos não haverão hoje em dia para os quais a máxima sabedoria consiste em atuar *em conformidade* com as leis. Entretanto, frequentemente, são as mesmas leis que constituem o problema. Do que realmente se trata, é do comportamento de cada um. Ninguém jamais deixa de ser responsável por seu próprio comportamento, mesmo que ele não entre em conflito com a lei! Em seus comentários ao Novo Testamento, Calvino escreve: Os que tentam encobrir seus crimes, são duplamente culpados.[2] O teólogo e político holandês Abraham Kuyper

---

[1] João Friede, *Bartolomé de Las Casas: precursor do anticolonialismo*, México, 1974.

[2] Cf. nota 28, p. 107.

cionava "a violação contínua do direito no mundo, não só pelo infrator, mas também pela lei e pelo juiz". Num mundo semelhante, o homem só pode viver de acordo com seus princípios se viver entregue à esperança (no capítulo anterior citava-se Mateus 24,49), o que Kuyper chama "a fé num juízo final", porque então a própria consciência da justiça de cada um manter-se-á ancorada na justiça de Deus.[3]

Esta fé nos "novíssimos", esta "visão escatológica" também nos permite tomar distância e relativizar as coisas. Não é necessário mudar primeiramente "o sistema" antes de trabalhar em função de melhorias sociais. A subdivisão ideológica maciça, em termos de "capitalismo" *versus* "socialismo", tem causado muita frustração e paralisação. O "protesto" (chamado, frequentemente na Igreja, "discurso profético") muitas vezes deixou de produzir fruto. E os partidários da "mudança do sistema", que queriam mudar o mundo em um só golpe (mantendo o poder com os mandatários revolucionários), têm causado rios de sangue na história moderna. Não podemos e não precisamos "mudar o mundo inteiro". Contanto que "o sistema" nunca possa se absolutizar.

Quanto à questão da pobreza: As retóricas jamais semearam o chão e construíram uma casa. O teólogo brasileiro Jung Mo Sung disse que a teologia da libertação, ao condenar o sistema do mercado como idólatra e totalitário, esqueceu que não podemos colocar o Reino de Deus em oposição a uma instituição como o mercado, mas sim a fé escatológica na chegada dele. Esta fé deve aguçar nossa visão para encontrarmos alternativas e possibilidades, isto

---

[3] A. Kuyper, *De verflauwing der grenzen,* discurso pronunciado por ocasião da transmissão de poderes ao novo reitor da Universidade Livre, dia 20 de outubro de 1892, Amsterdã, p. 3.

é, regras econômicas capazes de satisfazer melhor nossas necessidades e contribuir para uma sociedade mais justa. A fé na chegada do Reino nos livrará de sobre-estimar a importância de qualquer instituição humana. Na prática, porém, só podemos trocar determinada instituição por uma melhor.[4] Por exemplo: um mercado deficiente por um mais eficiente, e o comércio justo em lugar do comércio injusto. Voltaremos a este tema no último capítulo.

O capítulo 58 de Isaias é um texto importante para o judaísmo. Na liturgia do Dia da Expiação, este capítulo ocupa o lugar central.[5] Lemos ali que a presença de Deus não é algo isolado, independente do imperativo de trabalhar pela justiça.

1. De maneira consequente, esse texto sai em defesa da *vítima, do vulnerável*. Isaías reproduz com ironia a queixa dos devotos, dos membros assíduos. "Por que jejuamos se não estás vendo? Para que nos humilhamos, se tu não sabes? Pela boca do profeta vem a primeira resposta: a presença do Senhor que vocês buscam dentro de sua religião institucionalizada *não é compatível com a continuação de suas práticas econômicas*. No dia em que jejuam, continuam perseguindo seus próprios interesses, acossando os devedores. Dedicam-se a fazer negócios, explorando seus trabalhadores. Seu jejum leva a brigas e discrepâncias; serve apenas para continuarem se enfrentando duramente. De como estão jejuando agora, sua voz não será ouvida nas alturas. Acaso é este o jejum que eu quero, bem no dia em que o homem se humilha? A isso chamam de jejum e dia grato ao Senhor?

---

[4] Jung Mo Sung, *Teologia e economia. Repensando a teologia da libertação e utopias,* Petrópolis, 1994.

[5] Nos parágrafos seguintes far-se-á uso do livro de Emmanuel Lévinas, *L'au-delá du verset,* Paris, 1982, cap. 1.

2. Logo vêm algumas lições de *formação cívico*-bíblica. O texto do profeta diz: "não será melhor este outro jejum que eu quero: desatar os laços da maldade, desfazer as amarras do jugo, dar liberdade aos quebrantados e arrancar todo o jugo?". Este é um chamado para a justiça social, o desenvolvimento econômico e a construção de uma sociedade digna deste nome. É a "transformação precisamente do social dentro da sociedade" (Lévinas). Já temos visto em Mateus (Mt 15 e no capítulo 8 deste livro); lá também Jesus cita o profeta Isaías. "Este povo me honra com os lábios... Em vão me rendem culto, pois ensinam doutrinas que são *preceitos dos homens*" (Is 29,13). Numa entrevista com a deputada holandesa Ayaan Hirsi Ali, perguntaram sobre o caráter possivelmente ofensivo de seu filme "Sumisión", onde se projetavam textos do alcorão sobre o corpo de uma mulher desnuda.[6] Isso não seria um insulto ao alcorão? Sua resposta foi: Assim dizem as pessoas que saem em defesa de um *texto* religioso; mas se trata da necessidade de acusar a religião por oprimir a mulher. Esta observação está de acordo com o que foi expressado em Mateus e Isaías.[7]

3. Logo, porém, se apresenta uma terceira coisa. Como leitores da Bíblia, não podemos relegar a questão da justiça social para um nível

---

[6] No programa de televisão holandês *Buitenhof*, de 23 de janeiro de 2005.

[7] Pode-se discordar profundamente sobre se este filme oferece uma imagem justa da relação entre religião e opressão, se igualmente não menoscabou milhões de muçulmanos que exprimem sua religião de uma forma totalmente distinta, e se este "panfleto fílmico" também surtiu algum efeito positivo. Não obstante, isto não impede que Ayaan denuncie com razão "os preceitos ensinados por homens", posto que enfia todas as religiões no mesmo saco.

abstrato. Não podemos dizer: contanto que nossa conduta seja correta sob um ponto de vista político e ideológico, temos dado nossa contribuição à sociedade. Não basta, entretanto, condenar o "capitalismo", ou uma escolha teórica ou ideológica em favor de "um sistema social alternativo". Não basta dizer: "votei pelo partido correto". Não devemos refugiar-nos em soluções burocráticas que nos mantém a salvo ou em estruturas sociais, iludindo nosso próprio compromisso e responsabilidade. Porque assim nada restará da exortação bíblica; o efeito inclusive pode ser o contrário, resultando em uma nova opressão. Por isso o profeta Isaías acrescenta que não é possível a obediência a Deus, se não guardamos também sua Palavra *em nossa relação pessoal com o próximo que encontrarmos na economia*. "Reparte teu pão com o faminto, acolhe em tua casa os desafortunados que não têm lar. Quando te encontrares com o desnudo, cobre-o". Isto não se pode deixar para o sistema". "Não te apartes de teu semelhante" (vers. 7). Jamais poderás combater um sistema opressivo, se não o fazes também em tua própria vida cotidiana. Por que o "grande *apartheid*" foi tão tenaz no Sul da África? Porque a par do "sistema", do "grande *apartheid*", existia na prática cotidiana o "pequeno *apartheid*": de não tratar com o devido respeito e igualdade o povo negro do entorno vizinho.

4. Agora bem: esse pequeno texto sobre economia justa, cuja execução está em nossas mãos, o que tem a ver com nossa fé e com nossa relação interna e pessoal com Deus? Isso se explica no final dessa parte de Isaías. Cuidar de nosso próximo, antepor seu interesse ao nosso na hora de escolher, precisamente na vida econômica, *restaura nosso vínculo com Deus*, que havíamos rompido ao separar o culto a Deus do culto ao homem (cf. cap. 8). Atuar na vida econômica, segundo a Palavra de Deus, isto é, respeitando os direitos do pobre, diz Isaias, é seu ato de obediência na fé. Não é somente assunto de "normas e valores", de uma ética louvável, embora abstrata muitas vezes, mas de fé na Palavra de Deus. Se

damos aos famintos o que gostaríamos de ter e se partirmos nosso pão com os oprimidos, então – diz o profeta – "tua luz brilhará como a aurora". Mas, ao mesmo tempo, constitui nossa salvação a restauração da lealdade com Deus em nossa vida pessoal. Desse modo, nosso próprio sofrimento recebe atenção, pois "tua ferida vai sarar rapidamente". Isto é, conforme o pensador judeu Lévinas, em seu comentário deste texto, "uma mudança nos fundamentos de nosso ser". A verdade te precederá. Tua justiça anunciará tua chegada. E o Senhor será tua retaguarda, com o esplendor de sua glória (Buber: *Sein Ehrenschein*), que te dará proteção em tua viagem pela vida. Então Deus não estará mais ausente, e nossa voz será ouvida nas alturas (vers. 4). Somos nós mesmos que invocamos sua presença. Deus nos seguirá. Formulado com ousadia, diz Lévinas, passamos a ser testemunhas determinantes da existência de Deus.[8] Se vivermos de acordo com sua Palavra, Deus será nossa leal retaguarda. Ele nos acompanhará. Mas também estará presente quando o recebemos: "então clamarás, e o Senhor te responderá, pedirás socorro e ele dirá : 'Aqui estou'".[9]

---

[8] A religiosidade de Israel se caracteriza pela "sensação de que seu destino, o sofrimento de Israel – desde a escravidão na terra do Egito até Auschwitz a Polônia –, que sua história sagrada não só é a história entre o homem e o Absoluto, mas também a história da fidelidade na fé. Escrita com audácia, esta história é conjuntamente decisiva para a existência de Deus" (Lévinas, *L'au-delá du verset).*

[9] Em muita teologia (e até em alguma tradução da Bíblia), a gente separa o conhecimento (teórico, cognitivo) de Deus, do "reconhecimento" de Deus, que seria a "aplicação" deste conhecimento. Esta dualidade não é bíblica. José P. Miranda (*Marx y La Biblia,* p. 68*)* cita Jeremias: "Acaso eras rei porque habitavas em (casas de) cedro? Teu pai não comia nem bebia? Mas *praticava a justiça e o direito,* isto é bom; *defendia a causa do pobre e do indigente,* isto é bom; *não é isto em que consiste conhecer-me?,* diz o Senhor" (Jr 22,15-16). Observa que "nada nos autoriza a introduzir uma relação causa/efeito entre "conhecer o Senhor" e "fazer justiça". Conhecer a Deus, é fazer jusiça aos pobres. Vemos o uso da palavra "conhecer"

"Para um coração fechado, também as portas do céu permanecerão fechadas."[10] Mas seu coração se abre para o oprimido e para o faminto, se não te apartas de teu semelhante ou, como diz outra tradição, se "não renegas (aquele que é de) tua própria carne e sangue" (vers. 7). Então "O Senhor te guiará continuamente, fartará a sequidão de tua alma, dará vigor a teus ossos e será como jardim irrigado ou como manancial cujas águas nunca cessam (vers. 11). Isto quer dizer que serás abençoado, que serás uma bênção. Bendito: como jardim irrigado; e uma benção: como manancial cujas águas nunca faltam. E isso é contagioso. Terás partidários. Porque: "reedificarão, de ti, tuas antigas ruínas, levantarás os alicerces das gerações passadas, serás chamado Reparador de brechas e Restaurador de caminhos frequentados (vers. 12). Lá onde depender de nós, podemos situar novamente a sociedade e a economia, num lugar apto para se viver: "A justiça eleva as nações" (Pr 14,34).

Mas trata-se de nós, pessoalmente. Jacques Ellul, em seu comentário para o livro de Jonas, diz: A Palavra de Deus não se dirige "à humanidade" ou a algo nesse estilo. Sempre é dirigida a uma pessoa específica, pertencente a um povo específico, e este, ser humano, no meio dos outros. Esta é a "escolha" de Jonas. Foi escolhido para realizar alguma coisa.[11] "Se Deus escolhe uma pessoa, é para que preste um serviço determinado, necessário para a realização de sua obra." "Toma-o à parte, especificando-lhe sua vontade." A escolha de Deus, desta pessoa entre todas as outras, não é simplesmente uma "notificação" da escolha em questão, tendo como objetivo nossa própria segurança pessoal, para nossa alegria ou edificação, de modo que possamos "conformar-nos" com ela. "Em nenhuma outra parte das Escrituras se fala de uma voca-

---

(amar) também em Gênesis: Ele conheceu Eva, sua mulher (Gn 4,1).

[10] "Quem não ama, não conheceu a Deus, porque Deus é amor" (1Jo 4,8).

[11] Jacques Ellul, *Le livre de Jonas*, p. 17-18.

ção nitidamente mística." "A escolha tampouco consiste em algo como conhecimento da vontade geral de Deus, mas em estar comprometido em uma ação concreta, em uma uma obra determinada.

"O cristão não é apenas aquele que foi salvo por Cristo, mas o ser humano – homem ou mulher – do qual Deus se serve em benefício de outros, através de Cristo. Quando o Senhor se dirige a Jonas, notificando-lhe sua missão e quando de fato é salvo, é para o bem dos outros.[12] A partir do momento em que a fé vai se instalando em nós, somos penetrados desta convicção de que, se temos recebido a graça de Deus, é em primeiro lugar para os outros. Nunca é para satisfação de nós mesmos. Nossa salvação, nossa aventura, são funções de salvação, e a aventura dos que nos cercam é, em último lugar, do mundo".[13]

---

[12] Cf. o final do capítulo 14.

[13] *Ibid.*, p. 88.

20 | *Sem acepção de pessoas*
Sociedade e comunidade

Uma mulher perfeita, quem encontrará? Superior ao valor das pérolas é seu valor. Ela procura lã e linho e trabalha com mão alegre. Semelhante ao navio do mercador, manda vir seus víveres de longe. Levanta-se, ainda de noite, distribui a comida aos de sua casa e a tarefa a suas servas. Ela encontra uma terra, adquire-a. Planta uma vinha com o ganho de suas mãos. Cinge os rins de fortaleza, revigora seus braços. Alegra-se com seu lucro, e sua lâmpada não se apaga durante a noite. Põe a mão na roca, seus dedos manejam o fuso. Estende os braços ao infeliz e abre a mão ao indigente. **– Pr 31,10,13-20**

Meus irmãos, a fé que vocês têm em nosso Senhor Jesus Cristo glorificado não deve admitir favoritismos. Se entrar, por exemplo, na reunião de vocês, um homem com anel de ouro e roupas de luxo, e entrar, também, um pobre com roupas sujas e vocês derem atenção ao que está ricamente vestido, dizendo-lhe: "Assente-se aqui, neste lugar de honra" e ao pobre disserem: "Fique aí de pé" ou: "Sente-se no chão, junto a minha cadeira", vocês não estariam fazendo distinção entre vós mesmos, tornando-se juízes de pensamentos maus?

Escutem, irmãos caríssimos: porventura Deus não escolheu os pobres aos olhos do mundo para enriquecê-los na fé e fazê-los herdeiros do Reino que prometeu aos que o amam? **– Tg 2,1-5**

Uma mulher perfeita – seu valor supera o das pérolas. Parece que neste versículo se trata da mulher como um "bem econômico". Entretanto deve-se perdoar o poeta dos Provérbios, que se expressa sobre a mulher em termos de "valor econômico", pois ele se permite uma metáfora poética. Não há, pois, nada como uma mulher perfeita – "que junto às portas louvem suas obras" (31,31).

Depois de ler os capítulos anteriores, inspirados nas "passagens sobre economia" na Bíblia, podemos concluir que no fundo nenhum texto bíblico fala em economia no sentido moderno da palavra. A economia "de per si" não é considerada como um problema. Por sua vez, a economia *justa* é um tema sempre presente na Bíblia. A agricultura, a economia, a criação de gado, o comércio, a edificação de cidades, o trabalho assalariado e a escravatura, o tráfico monetário (os lucros!), o direito de resgate (Lv 25,23-34; Rute 4), o dever de manter a classe sacerdotal (Lv 6,16; 7,6ss.;24,9), os impostos – em uma palavra, a economia em todas as suas facetas – fazem parte simplesmente da vida cotidiana. O importante ali é a justiça: um balança fiel e pesos exatos (Lv 19,36), isto é, preço justo. "Tesouros mal adquiridos não aproveitam, mas a justiça livra da morte" (Pr 10,2). "A lisonja tonteia o sábio, e o presente perverte o coração (Ecl 7,7): trata-se da honestidade, o respeito pela economia *do outro*. A Torá, os profetas, os livros da Sabedoria: todos veem a economia a partir deste único ângulo da justiça. Condena--se sem compaixão os ricos que devem sua riqueza à exploração dos operários (cf. cap. 16): vejam, o salário que não pagaram aos obreiros que segaram seus campos está gritando... vocês condenaram e mataram o justo; ele não lhes resiste" (Tg 5,4-6).

Todo o Novo Testamento está imbuído da mesma perspectiva. A Justiça é Religião: "cuidem de não praticar sua justiça diante dos homens para serem vistos por eles; do contrário não terão a recompensa de seu Pai celeste". Portanto, quando dás esmola, não vás trombeteando na frente para ser honrado pelos homens (Mt 6,1-3). "O justo viverá por causa de sua fidelidade (Hab 2,4; Rm 1,17; Gl 3,11; Hb 10,38). O rabino Ignaz Maybaum escrevia: "A liberdade que possibilita nosso modo de vida político, econômico e cultural deriva da liberdade de religião."[1]

Nos tempos bíblicos ainda não existiam os problemas econômicos mundiais da época moderna: a injustiça no comércio *mundial,* os mercados *internacionais* instáveis, as *crises* econômicas, como a crise permanente da dívida externa: nosso mundo é diferente. À diferença do mundo atual, as crises econômicas de então não provinham da própria economia, mas de tragédias naturais, como secas e pragas de gafanhotos, ruínas de guerras. Quando se tratava da produção, o remédio apontado pela sabedoria popular era simplesmente trabalhar; a terra do ocioso se encherá de cardos, "dormir um pouco, cochilar outro pouco, cruzar um pouco os braços para repousar, assim te sobrevirá a pobreza como um vagabundo, e a indigência como um homem armado" (Pr 24,33-34).

A chamada "luta contra a pobreza", que hoje é o tema principal de nossos "estudos sobre a cooperação com o desenvolvimento", era uma prioridade desconhecida. Ainda não existia "a questão social" moderna (que só começou a ser implantada com a expansão da economia capitalista no século XIX). O pobre e o rico "viviam normalmente". Mas se tratava de respeito: "O rico e o pobre se encontram, o Senhor criou os dois" (Pr 22,2). Constantemente nos chega a advertência de que "o forasteiro, a viúva e o órfão" devem ser acolhidos e alimentados (Dt 14,29 e outros muitos textos bíblicos). São palavras penetran-

---

[1] Ignaz Maybaum, *The face of God after Auschwitz,* Amsterdam, 1965, p. 29-30.

tes que confrontam o ouvinte com a sorte do pobre: "Se tomas emprestado o manto de teu próximo, deverás devolvê-lo ao pôr do sol, porque é com ele que se abriga, é a veste de seu corpo. Sobre o que vai dormir, se não tiver? (Êx 22,25-26). É preciso colocar-se na situação dele, já que sua existência não é uma abstração, é um homem de carne e osso! É o que fazem todos aqueles – crentes e não crentes – que *se preocupam* com a sorte de quem pede asilo, reduzido a um objeto anônimo, produto de uma abstrata "política de expulsão".

A economia pré-capitalista estava estruturada dentro de uma sociedade baseada nas relações econômicas pessoais. A economia não havia chegado ainda a dominar a sociedade, só fazia parte dela. Segundo os antropólogos, a função que desempenhava o intercâmbio de bens não era comercial; seu objetivo era a consolidação das boas relações. Pouco depois, a economia se converteu em "Técnica", isto é, num "sistema" anônimo, capaz de "regular a si mesmo". Conforme o historiador inglês Tawney – que já temos mencionado – a causa por que desde o século XVI os pregadores falhavam cada vez mais quanto à transcendência social de sua mensagem era que, devido ao desenvolvimento do sistema monetário e do comércio internacional, o mundo havia *mudado* e os teólogos não haviam se adaptado às mudanças. Continuavam explicando seus "textos bíblicos sobre a economia" como antes, sem levar em conta a modernidade. A Igreja tentava ainda "moralizar as relações econômicas, considerando cada transação como uma manifestação do comportamento individual, no qual estava em jogo a responsabilidade pessoal. Numa época caracterizada pelas finanças impessoais, os mercados mundiais e a organização capitalista da indústria, as ideias sociais tradicionais eram incapazes de trazer uma resposta adequada. Apesar disso, a Igreja se limitava a repetir as mesmas doutrinas sociais de sempre, posto que não tinha nada de novo para oferecer. O mais adequado teria sido *submeter seus ensinamentos a uma reflexão profunda e total, para reformulá-los em termos novos e vivos.* Ao menos se realmente desejava que a mensagem religiosa surtisse algum efeito... A doutrina tradicional sempre havia enfatizado que todos somos irmãos. Mas seus representantes não compreenderam que sua nova missão consistia em explicar ao povo que os povos não europeus também eram irmãos. Como consequência do novo imperialismo econômico que começava a se desenvolver no século XVII, os impérios europeus estavam em plena expansão. Apesar dos preconceitos ocidentais e das teorias racistas, os escravos africanos, que os europeus embarcavam para a América, eram na realidade seus próprios irmãos. Assim, também, os indígenas desse continente, que eram despojados de suas terras, ou o artesão da Índia, cuja seda se comprava a preços irrisórios.[2] Por isso a nova "sociedade econômica" voltava as costas para a velha doutrina, "já que, de forma global, esta não merecia outra coisa".

Talvez dirá o leitor agora: de que servem, então, todas essas referências aos antigos textos bíblicos, tão abundantes nas páginas anteriores? Acaso "a economia tradicional" não é um fenômeno que pertence a outras épocas? A resposta é que esses textos sempre fazem referência ao *aspecto da fé*. Longe de constituir um receituário econômico, permitem-nos adquirir compreensão da economia, em particular da atual! Porque, tanto hoje como ontem, se trata de uma economia justa; "só temos de submetê-la a uma reflexão profunda e total, reformulada em termos novos e vivos". Isto não será possível sem

---

[2] Tawney, *Religion and the rise of capitalism*, p. 188 (a ênfase é minha).

a *ciência* econômica e sem utilizar "toda a sua mente" (Mt 22,37). Não obstante, a pergunta que temos de nos fazer é bastante "simples": em função de que se aplicam estes conhecimentos e a que interesses obedece a prática comum? Portanto a ciência econômica deveria dar conta do espírito bíblico.

No entanto há os que chegam a outra conclusão: a economia bíblica é uma economia pré-capitalista, e isso é o modelo ideal. Eles têm, frequentemente, uma visão romântica do conceito de comunidade, da família e economia familiar, da pequena comunidade agrária ou da aldeia.[3] Infelizmente estas nem sempre são tão libertadoras.[4] Hoje, "comunidade" é um sinônimo do paraíso perdido".[5] Não obstante, uma comunidade pode ser desapiedada em extremo e conter os piores mecanismos de opressão e exclusão. Daí se deduz que "voltar para a comunidade" ou a "comuna" artificial não poderia ser a solução. Mas bem! Segundo o adágio medieval, "o ar da cidade liberta"! As "normas tradicionais" têm sido uma fonte de inspiração para muita propaganda fascista. "Deus, pátria, família e propriedade" era o lema oficial da ditadura militar argentina; tinha de erradicar as *bên-*

---

[3] "Por relações "comunitárias" entendemos aquelas em que a gente forma parte de um todo, como membros. Nas relações "sociais", porém (como já diz a palavra "sociedade", RH), a gente, respectivamente as comunidades entre si, não formam parte de um todo; atuam de forma coordenada dentro da sociedade, às vezes conjuntamente, outras vezes como antagônicos (cooperando e se complementando, numa relação neutra, ou numa situação de confrontação)"; veja Dooyeweerd, "Grondproblemen wan de wijsgerige sociologie", *en Verkenningen in de wijsbegeerte, de sociologie en de rechtsgeschiedenis*, Ámsterdam, 1962, p. 110.

[4] O livro "clássico" de Ferdinand Tonnies, *Gemeinschaft und Gesellschaft*, (1ª impressão de 1887), mais citado de segunda mão do que lido, apenas faz alguma referência, conforme observou o sociólogo A.J.F.Köbben.

[5] Zygmunt Bauman, *Community. Seeking safety in na insecure world*, Malden, 2003 (3a. ed. p. 3).

ções potenciais da sociedade moderna. Jesus mesmo critica os que antepõem sua família a Ele (Mt 10,37). Não é para converter a família em religião; às vezes, as comunidades podem e devem ser abertas e até soltas. O ponto negativo da classe branca trabalhadora nos Estados Unidos nos anos 60 e 70, de identificar-se com outros setores sociais (os profissionais livres e artistas, a elite liberal, os jovens em rebeldia contra a ordem estabelecida, os negros pobres, considerados todos parasitas e defraudadores), se manifestava principalmente quando as pessoas estavam reunidas em grupos.[6]

Tampouco devemos aplicar os critérios de hoje às "comunidades tradicionais" de antanho. Mas, se as considerarmos a partir de uma perspectiva econômico-antropológica, podem ser muito instrutivas para a sociedade individualista de nossos dias. Suas relações internas,[7] sem dúvida, são capazes de nos mostrar o miolo da questão econômica. Economia significa a administração da "casa", o lugar onde todos os habitantes têm sua residência. Devido à globalização, aqueles *habitantes* tornaram-se visíveis para todo o mundo. Agora bem, cada sistema econômico conta com três me-

---

[6] Richad Sennet, *Respect. The formation of character in an age of inequality,* Nueva York, 2003, cap. 1. Os políticos da direita aproveitavam os sentimentos primários desta classe. Entrevistadas individualmente, estas pessoas se mostravam equilibradas e francas, compreensivas para com os negros empobrecidos. Davam estima a quem mantinha uma família. Entretanto, numa entrevista coletiva, as mesmas pessoas se mostravam rudes, discriminadoras e impetuosas com outros grupos sociais. A desigualdade conduz à falta de segurança consigo mesmo; esta leva a uma atitude agressiva perante a integridade do outro. "Por outro lado, não acredito", diz Sennet, "que, adotando essa atitude, os implicados sentir-se-ão bem mutuamente. Sentiam-se excluídos".

[7] "Perante estranhos não vale a lei da reciprocidade ou, pelo menos, sente-se menos a pressão" (André Lascaris, *Uitzicht voor een oude wereld. West-Europa op een keerpunt,* Kampen, 1987, p. 14-15, p. 99).

canismos de *integração*, "com os quais a atuação de um indivíduo se ajusta à de outro, assim como ao conjunto que abarca tudo.[8] São a *reciprocidade* ou, expresso de outra maneira, "o círculo econômico da dádiva, a *redistribuição* e o *intercâmbio*. Toda a vida em sociedade está baseada em expressivas atuações mútuas. Conforme Richard Sennet, isto explica como, apesar da "desigualdade", na sociedade tradicional, cada indivíduo tinha a sensação de ocupar um lugar respeitável. Através de rituais que confirmavam as desigualdades, se consolidava o espírito comunitário.

A economia moderna do mercado, não obstante, erigiu o intercâmbio (comercial) como princípio predominante. Mas a segregação, a bilateralidade que este provoca é antieconômica! (cf. capítulo 16). O pensamento social-cristão e a democracia social já compreenderam que os princípios da reciprocidade e redistribuição também devem transferir-se adequadamente para o âmbito da moderna "economia de mercado", para sua correção (mediante uma política de subvenções, salarial e fiscal) e para respaldá-la sadiamente (através da realização de uma infraestrutura e legislação de competência). "O interesse próprio e a atuação individual não são capazes, por si sós, de fomentar o espírito comunitário e realizar uma administração. Este modo de pensar se baseia numa visão do homem, incapaz de oferecer compensação alguma às forças centrífugas que desencadeia. Porque, mesmo que minha inteligência me permita analisar e explicar, assim como relativizar, não posso nem compor, nem valorizar; para isso se requer ver as coisas pelo lado de fora."[9]

---

[8] Henk Tieleman, *In het teken van de economie. Over de wsselwerking van economie en cultuur,* Baarn, 1991, p. 14-15.

[9] J. H. Donner, "Eenheit in verscheidenheid', *Central Weekblad,* 26 de setembro de 2003, p. 8-9.

A economia nos tempos bíblicos ainda não conhecia os "macroproblemas" da economia mundial atual. Mas as operações econômicas eram executadas conforme os mesmos princípios de doação, redistribuição e intercâmbio, os mesmos que hoje também constituem a força motriz da "economia": o gerenciamento da comunidade econômica nacional. A vida econômica, entretanto, se desenrolava geralmente no seio familiar, a nível doméstico. Não é nada estranho que o compositor dos Provérbios, ao decantar o bom governo da casa, enalteça a mulher, a "dona da casa", a coordenadora da economia doméstica. Desde a África até os cinturões da miséria que cercam as grandes urbes norte-americanas, vemos que é a mulher – na maioria das vezes exclusivamente ela – que mantém em dia a economia doméstica, lutando para *satisfazer as necessidades* (o que afinal, conforme os manuais, é o objetivo principal da economia). Em Lima, milhares de mulheres mantém em funcionamento os refeitórios populares para suas famílias e o povo do bairro. Para milhões de famílias nas zonas rurais, aldeias agrícolas e grupos étnicos, é a *comunidade* que forma a base do desenvolvimento econômico. O descarte da economia comunal, chamado "desenvolvimento", tem sido um erro estrutural capital. Por suas próprias forças, sem ingerência externa e segundo seus próprios termos, cada comunidade terá de decidir sobre sua participação na economia do mercado.

O professor Boeke, especialista na economia da Ásia, descreve, em um de seus fascinantes tratados, as diferenças entre o proceder econômico de mulheres e homens. Observando o mercado em um povo indígena de Java *(dessa),* nas Índias holandesas em tempos coloniais, pôde registrar todo o tipo de diferenças. Enquanto as mulheres estavam em todas as partes, os homens se mantinham agrupados em um só lugar. As mulheres se dedicavam a seu comércio cotidiano ocasional, isto é, procurando os produtos conforme a procura; os homens não estavam interessados nesse comércio de distribuição, mas no comércio de coleção (só um tipo de produtos). As mulheres pagavam com dinheiro do povo, que era de valor menor; os homens, em moeda oficial colonial, introduzida pelos holandeses. O comércio das mulheres estava dominado pelos consumidores; o dos homens pelos produtores. As mulheres manipulavam uma grande variedade de produtos; os homens estavam especializados em um ou poucos artigos comerciais. As mulheres iam diariamente ao mercado; os homens, só na época da colheita. As mulheres movimentavam-se em todo o recinto do mercado; os homens só tinham tratos com o comprador colonial. As mulheres pagavam preços fixos, tradicionais e, portanto, seguros; os homens dependiam de preços sujeitos ao movimento conjuntural. As mulheres pagavam à vista, enquanto os homens entravam em (arriscadas) negociações de crédito.[10] Estas mulheres estavam – hoje como ontem – interessadas em satisfazer as necessidades de suas famílias. O que lhes interessa em particular é o *valor de uso* dos produtos, não tanto seu valor comercial: os produtos são trocados por outros produtos, mediante dinheiro (*Bedarfdeckungsprinzip:* o princípio da satisfação das necessidades);[11] não se investe dinheiro para obter mais dinheiro (*Erwerbsprinzip:* princípio da aquisição e acumulação),[12] como fazia o comerciante colonial.

Não existe economia de mercado capaz de funcionar sem a "economia dos valores de uso". Nenhum trabalho remunerado pode ser realizado sem o trabalho "à sombra", isto é, todas as

---

[10] J. Böke, *Economie van Indonesië,* Haarlem, 1955, p. 90.

[11] "Se teu pai *comeu e bebeu* e lhe fez bem, é porque praticou a justiça e o direito" (Jr 22,15).

[12] *Ibid.* "Pensas que eras rei *porque dormias em (casas) de cedro?"*

tarefas essenciais, mas não comerciais, que se efetuam em casa e na sociedade inteira, das quais depende de fato o mercado.[13] Não obstante, é o "princípio de aquisição" da economia comercial que exerce todo o poder, organizado em grande escala e valendo-se da técnica mais avançada.

Os pesquisadores da "economia oriental" de antes da Segunda Guerra Mundial tinham uma visão aguda das diferenças entre "Oriente" e "Ocidente". Embora em ambos os tipos de sociedade a produção tenha um alto nível de organização (também e precisamente no setor chamado depreciativamente "não organizado" pelos economistas modernos), no Ocidente o nível de organização do *consumo*, a satisfação de necessidades – considerado o objetivo final da economia –, recebe escassamente atenção. "Nisso está radicado um perigo para a civilização ocidental; por último, também é a causa de muitas objeções por parte dos povos que são receptores involuntários dos benefícios ocidentais. Entretanto a prova da civilização não está na formação de novas necessidades, mas na realização de novas atividades, e estas não são estimuladas pela produção organizada."[14]

Contudo, a "mulher forte da casa" (Pr 31), em seu proceder econômico, também segundo nossos critérios, tem habilidades para muitíssimas coisas. Ela é completa, igual a um sem fim de mulheres na África e em todo o mundo. "Sente que vai bem seu trabalho." "É como a nave do mercador que traz de longe suas provisões." "Trabalha com mãos diligentes." "Investe com juízo: com

---

[13] Ivan Illich, *Shadow work,* Ciudad del Cabo, 1980; Kenneth E. Boulding, *La economía del amor y del temor*, Madrid, 1976.

[14] J. S. Furnival, *"The organisation of consumption"*, *The Economic Journal*, março de 1910, p. 30.

o fruto de suas mãos planta uma vinha." Mas logo fica atenta a todos a seu redor, "sem acepção de pessoas" (Tg 2,1). É uma "economista" completa: *Estende o braço ao desvalido, e as mãos ao pobre.*

A freira italiana Francisca Xavier Cabrini, que nos fins do século XIX realizava trabalho social entre os pobres dos bairros operários de Chicago, era uma religiosa conservadora, para quem "a disciplina e a ordem constituíam a base da educação". Apesar disso, o povo lhe queria muito bem. Richard Sennet, o já citado sociólogo estadunidense, tem uma explicação que chama "tão teológica como pessoal": "O conceito de pecado é aplicável a todo o mundo, sem acepção de pessoas e sem estigmatizar".[15]

---

[15] Sennet, *Respect,* p. 135.

21 | *Antes de ser humilhado, eu me desorientava*
A globalização a partir de baixo

Não cobiçarás a casa de teu próximo, nem a mulher de teu próximo, nem seu servo, nem sua serva, nem seu boi, nem seu asno, nem nada que seja de teu próximo. – **Êx 20,17**

Os judeus pedem milagres, os gregos buscam sabedoria; nós, porém, anunciamos um Cristo crucificado, que é escândalo para os judeus e loucura para os pagãos. Mas para aqueles que são chamados, tanto judeus como gregos, Cristo é poder de Deus e sabedoria de Deus. Pois aquilo que é loucura de Deus é mais sábio que os homens e o que é fraqueza de Deus, é mais forte que a força dos homens. – **1Cor 1,22-25**

Construí casas e nelas habitai, plantai pomares e comei seus frutos. Procurai mulher e gerai filhos e filhas, procurai mulheres para vossos filhos, e dai vossas filhas a maridos para que deem ao mundo rapazes e moças. Multiplicai-vos em lugar de diminuir. Tomai a peito o bem da cidade para onde vos exilei e rogai por ela ao Senhor, porque só tereis de lucrar com sua prosperidade. – **Jr 29,5-7**

O "desenvolvimento econômico" alterou profundamente a paz do povo asiático[1] e, em todas as partes do "Terceiro Mundo",

---

[1] Cf. nota 53, p. 129.

a economia tradicional foi destruída em grande escala, frequentes vezes de forma irreparável. Nas periferias, milhões de pessoas arrastam suas míseras existências. "A grandeza coletiva se fundamenta no sangue derramado e na desgraça e no sofrimento dos indivíduos. Não há outro caminho. A ideologia triunfalista do crescimento harmonioso, que via o interesse coletivo exclusivamente como o máximo do bem-estar individual e que dava por assentado que os interesses individuais chegariam a confluir em benefício do bem comum, resultou em uma fábula. Com justiça podemos dizer que a situação nos países do terceiro mundo é desastrosa, com tendência para ficar pior à medida que o desenvolvimento econômico vai se acelerando. Por infelicidade, o Ocidente já passou por este caminho; como resultado, os que iam constituir a classe do proletariado no século XIX estiveram mais infelizes do que antes, e a prestigiosa 'sociedade tecnicista' está cimentada precisamente nesse imenso sofrimento. Tanto se difundiu tal prestígio, que agora o mundo inteiro não deseja outra coisa do que imitar o Ocidente, olvidando o preço que isso implica e calando a consciência com a ilusão de poder adquirir semelhante poder sem ter de pagar esse mesmo preço."[2]

Ao falar da "luta contra a pobreza", temos de ser conscientes de que esta pobreza é um produto histórico, causada em grande parte pela expansão destruidora do Ocidente. Bartolomeu de Las Casas via como se desenrolava ante seus olhos a primeira fase desse processo desastroso (ver p. 45). Mas só compreendeu, em 1514, ao preparar sua pregação de Pentecostes (ver na p. 178-179 as ob-

---

[2] Jacques Ellul, *Trahison de l'Occident,* citação da reimpressão de 2000, p. 92.

servações sobre o Eclesiástico ou Jesus ben Sirá). De certo modo, nossa ajuda ao desenvolvimento representa bens adquiridos ilegalmente, "dons injustos" (Eclo 34,18).[3]

Não faltaram testemunhos de profetas e mártires. Certamente não podemos nos apartar do mundo, como pensaram muitos espíritos piedosos. Temos, pelo contrário, de nos dedicar à *construção de uma economia justa*. No capítulo 8, vimos que o mandamento central do decálogo é não abandonar o indigente a sua sorte. Este mandamento "econômico" – já que se trata da organização de nossa economia e do lugar do próximo nela – não é uma proibição, mas um convite para a atuação, para a criatividade.

O debate cristão que censurava os juros e o lucro data de uma era muito distante. Os tempos mudaram. Hoje a *própria época* constitui um risco; a oração do Salmo 119 é diametralmente oposta ao espírito da cultura econômica atual: "Inclina meu coração para teus mandamentos, e não para o lucro injusto" (Sl 119,36). Mas não deveria tratar-se de uma rejeição absoluta do "lucro" e do "mercado". A mulher de negócios nos Provérbios, citada no capítulo anterior, é uma "mulher forte". São Tiago, ao criticar os que costumam expressar-se em termos como "hoje ou amanhã iremos à tal cidade, passaremos lá o ano, negociaremos e lucraremos", não condena que haja lucros, mas a leviandade com que se proferem tais palavras. A "jactância" (Tg 4,16) está fora do lugar, "porque é vapor que aparece por um momento e depois desaparece". Em troca, caberia dizer: "Se o Senhor quer, viveremos e faremos isto ou aquilo" (Tg 4,15). Já que a Bíblia também faz menção da riqueza

---

[3] "Sacrifícios de posses injustas são impuros, nem são aceitos os dons dos iníquos".

como uma benção, não a condena em si mesma. O que se condena é o uso da exploração como meio para obtê-la. E é ao *rico* que se adverte sobre o perigo da riqueza.

Deve-se evitar uma aproximação "tautológica" da pobreza e da opressão, isto é, não se deve tratar a pobreza como um fenômeno isolado, utilizando *ferramentas semelhantes às que fazem parte do problema*. A pobreza tem uma causa, e não se pode combatê-la de forma separada, como se combate os sintomas de uma enfermidade.

John Locke (1632-1704), um dos fundadores do liberalismo, doutrina a que devemos o conceito de *escassez*, tinha sim a consciência de que esta nada tem a ver com a disponibilidade de bens suficientes. Locke reconhecia muito bem que no mundo de antanho, *pelo fato de não se ter inventado o dinheiro,* foi possível haver abundância para todos (até para o dobro dos habitantes da terra),[4] a economia moderna se fundava na ideia da escassez.

A teoria econômica definiu a questão econômica de tal forma que qualquer solução é, a princípio, impossível![5] Posto que a economia *é escassez,* "as necessidades econômicas" se consideram "ilimitadas". Locke escreveu: "invente algo que se possa usar como dinheiro... e verá como esse mesmo homem (que antes se contentava em ter o suficiente para sustentar-se a si mesmo e sua família), de repente, começa a se afadigar para aumentar seus bens". É na *cobiça* que os homens imitam uns dos outros, já que a ideologia da igualdade faz com

---

[4] John Locke, *Na essay concerning the true original extent and end of civil government* (1690), parágrafo 36.

[5] Cabe aqui pensar que este detalhe capital seria motivo para que a ciência econômica reconsiderasse integralmente sua norma, tomando, como ponto de partida, a posição daqueles cujas "necessidades econômicas" são ignoradas! Como também a medicina centra-se no enfermo, a lógica na lógica, e as ciências jurídicas no direito.

que o homem se choque frontalmente com seu "semelhante". Até que se tenha decantado uma maioria, uma *multidão*. Isto Thomas Hobbes (1588-1679), outro conhecido precursor do liberalismo, já havia observado. René Girard o denomina a cobiça "mimética" ou imitadora. A gente cobiça o que o outro possui. Igual ao Salmo 119, o décimo mandamento, "não cobiçarás", é diametralmente oposto a nossa cultura. Na sociedade *igualitária,* a cobiça está em seu ápice.

Vimos que a norma do "progresso" é o progresso *mesmo;* que a destruição social e cultural, provocada pela Técnica, se combate com mais técnica (cap. 15). "É como "exorcizar" o demônio com Belzebu". Em nossas relações com o mundo técnico, e também com o mundo técnico-econômico, temos de adotar uma posição não técnica, se não quisermos assemelhar-nos a eles. Adotando uma *visão* que evite chegar a depender do êxito técnico. Só se a nossa visão da vida e do mundo permanecer independente do sistema Técnico, estaremos em condições de acercar-nos à técnica para reajustar seu andamento e *utilizá-la* em função de uma perspectiva não tecnicista, ou seja, humana. Então, o dinheiro será tampouco capaz de manter seu domínio sobre nós; antes, converter-se-á em instrumento a serviço da edificação de uma economia amistosa (cap. 11). Entretanto, o dinheiro não é tudo. Na verdade, nem sequer é o essencial. Quantos "projetos de desenvolvimento" não pereceram asfixiados pela superabundância de fundos, e quantos sistemas locais de preços não foram desintegrados, devido ao impacto causado pelos fluxos ocidentais de dinheiro!

Não obstante, seria errôneo pensar que a *opressão* econômica determina a identidade do pobre. Ele é mais que oprimido somente. Não é só a vítima que muitas organizações requisitam para ilustrar suas campanhas de arrecadação de fundos. Inclusive nossa análise da problemática da pobreza não deve limitar-se ao aspecto da opressão, por mais aborrecedora que seja. O ser humano significa mais: *"Antes* de ser humilhado, eu me transviei" (Sl 119,67). Eu existo, independentemente da humilhação. Isto não é sujeitar-se, não é passividade: *"pratiquei a equidade e a justiça*, não me entregues a meus opressores" (Sl 119,121). Por outra parte, o pobre nem sempre tem razão. Tampouco se deve favorecê-lo num julgamento (Êx 23,3).

O que o Êxodo também diz é: *não sigas a maioria para fazer o mal*, nem te inclines em um processo a favor da maioria que está contra a justiça" (Êx 23,2). Este texto é um dos mais reveladores de toda a Bíblia. A maioria! Todos e todo o mundo. Mas eu – apesar de tudo – sei que não é assim! (veja cap. 15). Aqui nos encontramos com a surpreendente perspicácia de René Girard, em sua análise de todo o testemunho bíblico. A Bíblia é um livro religioso único no gênero, por ser totalmente diferente e oposto a todos os textos mitológicos e religiosos da História. Girard não lê a Bíblia como teólogo, mas como cientista da cultura. Descobre que se trata de um livro que se destaca na literatura universal.

"Seguir a maioria para fazer o mal": a multidão e os usurpadores que a manipulam também se apropriaram de Deus. É *o deus da multidão,* aquele que ocasiona a queda dos notáveis, dos "desiguais" que sobressaem sobre o nível do campo, dos justos *como Jó.* Ergue-se a mão de Deus para justificar a perseguição de opiniões dissidentes, dos "desiguais". Os amigos de Jó são os demagogos e assassinos. Deus está do seu lado. Jó é o malfeitor. É descido de seu pedestal, *"sem mais averiguação"* (Jó 34,24), sem analisar o que está acontecendo. A inveja e a vingança da multidão coincidem com a *suposta* vingança de Deus.[6]

René Girard faz observar que a paz e a ordem nos grupos, a coesão dos grupos, assim como a *formação da cultura*, histori-

---

[6] René Girard, *Las route antique des hommes pervers,* Paris,1985.

camente sempre se realizaram mediante o sacrifício de um bode expiatório – ser humano ou grupo divergente – indicado pela opinião pública (manipulada). Na história cultural e religiosa, a morte de Cristo na cruz constitui um fato único. "Enquanto os judeus pedem sinais e os gregos buscam sabedoria, *nós pregamos um Cristo crucificado*" (1Cor 1,23); "judeus e gregos" na marca cultural de Paulo significava "todos os seres humanos": A exceção não consiste em que o bode expiatório seja Cristo, tampouco em sua inocência; ao longo da história houve tantas vítimas inocentes imoladas em perseguições coletivas. Basta pensar nos processos por bruxaria na Idade Média, cujo objetivo era restabelecer a paz e o controle social. Contudo, Jesus como Filho de Deus representa o inocente por excelência: não o chamam "cabrito", mas "Cordeiro de Deus".[7] Eles o condenaram, apesar de sua inocência, e o ódio coletivo a sua pessoa carece de qualquer fundamento.[8] O *novo* entre todas as religiões do mundo, no entanto, é que desde que Cristo foi sacrificado inocentemente, *sua inocência é proclamada explicitamente nos testemunhos* (At 3,14). Até o dia de hoje, seu testemunho representa o desmascaramento e o vencimento do mal.

Tão novo é que a cultura ocidental chegou a interessar-se pela vítima inocente como *vítima*. A Bíblia "revela" a verdade sobre o mecanismo do bode expiatório. Até então esta verdade não havia transcendido nem no coração humano, nem em

---

[7] Jacques Ellul (*Apocalipse,* p. 12) observa que estamos aqui perante o símbolo da Páscoa, que recorda e celebra a saída do Egito. O autor chama atenção sobre outro elemento do símbolo: O cordeiro não resiste ao ser sacrificado. Por isso corresponde (ao gesto) de Jesus: "eu dou minha vida..." (Jo 10,15).

[8] René Girard, *Le bouc émissaire,* Paris, 1982.

toda a mitologia. Os teólogos deveriam evitar uma aproximação "fetichista" do sofrimento, evitando ver unicamente "metáforas metafísicas e místicas". Porque então, "sem o saber, eles fariam o jogo de seus adversários, o mesmo que para toda a mitologia, sacralizando novamente a violência que foi desacralizada pelo Evangelho".[9]

Sair em defesa das vítimas é típico em todas as culturas, e também na sociedade individualista, mas em geral só se beneficiam os membros do próprio grupo. Na sociedade moderna são poucas as pessoas com as quais temos um relacionamento direto e personalizado. Então, o que é que impele a televisão a transmitir imagens de um desastre ocorrido em algum lugar remoto, ou próximo, e que afeta pessoas *anônimas* para nós? Girard vê na defesa das vítimas – de *todas* as vítimas, não só as de nosso círculo direto – a repercussão cultural única do testemunho da morte inocente e a ressurreição de Cristo.

Conforme Girard, o interesse pela vítima inocente como vítima, sem que importe o grupo a que possa pertencer, é *a verdadeira causa (desde que seja uma novidade) da globalização* (cujo aspecto econômico, quer seja predominante, não é o mais característico). É uma ideia surpreendente. Efetivamente, nossos meios de comunicação informam sobre vítimas em terras distantes, só pelo fato de serem vítimas. "O surgimento da vítima corre paralelo ao desenvolvimento da primeira cultura genuinamente planetária." "A globalização é o fruto da preocupação pela vítima, e não o contrário."[10] As reações provocadas pelo maremoto que arrasou

---

[9] Girard, *Le bouc émissaire.*

[10] Girard, *Je vois Satan tomber comme l'eclais,* Paris, 1999.

a Ásia dia 26 de dezembro de 2004 (causando devastação até na África) são um exemplo ilustrativo da emoção causada pela solidariedade global. Enquanto escrevo estas linhas, as agências de coordenadas de auxílio na Holanda informam que, devido às doações em massa, as arrecadações de fundos já não são mais necessárias. A preocupação por gente desconhecida em perigo ou com problemas e a estruturação *social* dessa preocupação criam o *espaço público*. O "interesse comum" adquire um sentido que a economia moderna é incapaz de oferecer por si só (veja o primeiro parágrafo deste capítulo, p. 199). Converte-se em *"bonum comune"*, ou seja, causa comum, assunto público.

Jacques Ellul observou que a *má consciência*,[11] característica da cultura ocidental, não se deve à influência greco-latina, mas ao cristianismo. O Ocidente está consciente das consequencias nefastas de sua violência e exploração. É no Ocidente onde, em que pese a traição constante de seus princípios, presta-se atenção aos *direitos humanos* e planeja-os na agenda política.

"Combater a pobreza" é um termo tecnicista, como se a gente tratasse de combater o "absenteísmo por enfermidade" ou "erradicar a praga dos gafanhotos". O termo reduz o pobre à condição de objeto, "elemento técnico", vítima. Embora seja certo que a pobreza causa milhões de vítimas, nosso "combate" deve realizar-se como *uma contribuição coletiva ao espaço público,* em função do bem comum. E o pobre, é preciso respeitá-lo, incluindo seus próprios critérios, como *"sujeito* econômico".[12] Havia uma cidade pe-

---

[11] "A má consciência é inseparável da liberdade", Ellul, *Trahison de l'Occident,* p. 27-28.

[12] Conferir a observação de Richard Sennett (ao comentar sobre o trabalho social nos EUA): "para mim, a frase "preciso de apoio" não é nada ver-

quenina, fraca, sem visão, terra de cegos, com numerosos caolhos tagarelas, e que vivia sob uma grande ameaça. Encontrava-se lá um pobre, no qual ninguém jamais prestava atenção, já que todos estavam demasiadamente ocupados com a política do momento ou abobados pelos programas de baixo calão da TV. Esse homem esfarrapado possuía uma grande sabedoria, capaz de livrar todo o mundo da desgraça. Mas a ninguém ocorreu perguntar por *suas* ideias. Acaso para isso não bastava ler as informações escritas pelos especialistas? Oxalá não tivéssemos escutado o que o Eclesiastes chama *os gritos do rei dos insensatos*! Oxalá não nos deixássemos manipular pelos meios de comunicação, tão numerosos, importunos e idênticos! Oxalá tivéssemos escutado *as palavras serenas dos sábios*! (Ecl 9,14-17).

O pensamento econômico individualista manipula um conceito de trabalho muito limitado e materialista. O trabalho consiste em lutar com a natureza, sulcando a terra e escavando minérios (como em Jó 28,1-11). "Ainda que seja indubitavelmente louvável aumentar a produtividade, não é a solução definitiva."[13] Robinson Crusoé representa o modelo deste pensamento em sua ilha *desabitada*. Mas, como observou o técnico e teólogo Dippel, também é preciso trabalhar *no desenvolvimento das relações humanas*. Temos também de nos dedicar à edificação social. Esta consiste no desenvolvimento de "estruturas". Por exemplo, se continuamos considerando exclusivamente como trabalho "autêntico" a produção *material*, recorreremos à violência para solucionar nossos conflitos internacionais, mediante a fabricação de armamentos e o

---

gonhosa, tampouco, ao expressar-se em público, sempre que a pessoa que a emite ainda esteja dona da situação" (*Respect,* p. 122).

[13] Dippel, "Techniek en cultuur", p. 38.

subsequente e inevitável uso dele. As guerras travadas pelos Estados Unidos no Iraque são um exemplo dessa gigantesca violência material. Trata-se, conforme Dippel, de um método "para *evitar* o encontro com o próximo, nosso inimigo, para não ter de encará-los de frente". Sobretudo é uma prática destrutiva que gera problemas, em vez de trazer uma solução.

Dippel denomina o trabalho realizado por Robinson Crusoé como trabalho da "primeira" categoria. É o trabalho dos "iniciantes" e "funcionários": "os utilizados", entre os que figuram tanto diretores como pessoas sem nenhuma liderança. Também, "dos que se dedicam de corpo e alma ao trabalho funcional, altamente especializado, os fanáticos por sua profissão, que demasiadamente tarde compreendem que o relógio – essa máquina primeira e útil – indica inexoravelmente o fim de toda vida humana. Nunca puderam viver a vida plenamente além de sua especialidade; fora de seu âmbito de trabalho, jamais conheceram nada e ninguém"[14] (Tg 4,13-16).

Mas existe também outro tipo de pessoas. "Estas, (logo) depois de fecharem as portas da fábrica, frequentes vezes começam com uma mentira, isto é, que o trabalho parou momentaneamente... Porque além do trabalho que tem origem na ruptura de nossa relação direta com a natureza (o trabalho produtivo, material, o trabalho da primeira categoria) e da relação direta e rompida com nosso semelhante (o trabalho da segunda categoria),[15] também

---

[14] *Ibid.*, p. 40.

[15] "Há uma resistência natural. Uma resistência muito real. Basta pensar na guerra e na paz em matéria de política, organização trabalhista, educação e trabalho social. O trabalho é lutar contra essa resistência no tempo, ao longo do caminho. Isto é verdadeiramente técnico. E, segundo acredi-

resultou um oceano de trabalho da percepção de que o homem vive neste planeta sem relação demonstrável e direta com Deus e a Eternidade, trabalho da terceira categoria. Não sabemos nada, por via direta, de nossa procedência, nem tampouco aonde vamos, antes e depois desta vida breve, neste cosmos gélido, de dimensões inimagináveis. É preciso que alguém no-lo diga."[16]

Então, na economia, se requer mãos à obra! "Edifiquem casas e habitações; plantem pomares e comam seus frutos" (Jr 29,5). Estas palavras são dirigidas aos judeus que são conscientes do transitório em tudo isso, de sua condição de *exilados* na cidade de Babel. "*Procurem o bem da cidade*" (Jr 29,7). "E rezem por ela ao Senhor". A construção social reúne as três categorias de trabalho: a primeira – edifiquem casas; a segunda – procurem o bem; e a terceira – rezem. Só assim podemos evitar de ser funcionários, "empregados", do sistema tecnicista. Somente assim seremos capazes de enfrentar o mundo sem "acomodar-nos ao mundo presente", "como gente transformada, com uma visão renovada". Então "poderão distinguir qual é a vontade de Deus: o bom, o agradável, o perfeito" (Rm 12,2), como "forasteiros e hóspedes" (1Cor 29,15). O conhecido comentarista estadunidense Walter Lippmann dizia que, "espiritualmente, cada um de nós é um imigrante".[17]

Por esta razão "nós não nos lançamos sem mais ao mercado". Lá as coisas estão demasiadamente "acomodadas ao mundo pre-

---

to, também verdadeiramente bíblico. E pode-se dizer com segurança: Não há maior resistência do que a que existe entre o homem e seu próximo. Por conseguinte, não há caminho de trabalho mais exigente e semeado de mal-entendidos do que o caminho do entendimento, para 'conhecer' o próximo" *(Ibid., p. 29)*.

[16] *Ibid.*, p. 40.

[17] Richard Sennet, *The corrosion of character. The personal consequences of work in the new capitalism,* New York, p. 119.

sente". Também saltamos "o assalto às estruturas". Devemos trabalhar na *criação* de estruturas; é *trabalho* para a "segunda categoria". Requer-se um exame a fundo, *que se omite em caso de injustiça* (Jó 34,24). Devemos comprometer-nos, "pensando globalmente, atuando localmente". Os "principados, poderosos e dominadores deste mundo" (Ef 6,12) estão em toda parte. *O nível de reflexão deve estar à altura da cultura tecnicista que nos rodeia, com suas pretensões totalitárias.* Por isso não podemos delegar o trabalho da segunda categoria ao "funcionamento automático do mercado. Isto equivaleria inevitavelmente a um "relegar", um apartar. É preciso trabalhar duro, mas com alegria, entregando-se "de corpo e alma", mas também "com toda a tua mente e com todas as tuas forças" (Mc 12,30) .

A declaração seguinte é da Aliança Reformada Mundial (ARM), que se reuniu em Accra no ano 2004.[18] "Temos ouvido que a criação continua gemendo, em cativeiro, esperando sua libertação (Rm 8,22). O clamor das pessoas que sofrem e as feridas da própria criação estão nos questionando. Observamos uma convergência drástica entre o sofrimento das pessoas e o dano causado ao resto da criação". A situação mundial não é somente atroz, continua a declaração, mas complexa também. "Não buscamos respostas simples. Como pessoas que buscam a verdade e a justiça e veem com os olhos das pessoas sofredoras e impotentes, vemos que a (des)ordem do mundo provém de um sistema econômico extremamente complexo e imoral, defendido pelo 'império'. Ao usar o termo 'império', referimo-nos à conjunção do poder econômico, cultu-

---

[18] 30 de julho – 13 de agosto de 2004.

nômico, cultural, político e militar, que constitui um sistema de dominação dirigido por nações poderosas para proteger e defender seus próprios interesses."[19] Confrontadas com esta supremacia, as igrejas dizem: em nossas escolhas para realizar a justiça econômica, está em jogo a integridade de nossa fé em Deus.

Então, não vemos o "sistema" de dentro, mas do *outro lado*: com os olhos do povo que sofre e não tem poder. Na economia, isto significa: mãos à obra. Há muita gente que deseja ver uma solução *política* ou uma solução (técnica!) instantânea. Em numerosos comentários da imprensa se criticou duramente o documento da ARM, por cinismo ou por incompreensão. Acaso não trazia à memória a teologia obsoleta dos anos sessenta?

A declaração tem, entretanto, o caráter de uma profissão de fé. Falta a linguagem dos sessenta, com suas ilusões correspondentes. Não se trata de reformar o mundo num instante. Não obstante, assinala o efeito radical da ordem mundial *existente*. Certo que para isso se utilizam textos bíblicos que já chegavam a nossos ouvidos nos anos sessenta, mas que nem por isto deixaram de ser *atuais*. A ARM apela para nossa consciência, para que nos sensibilizemos ante a realidade econômica mundial. São infinitos os dramas de enormes proporções (como no Sudão, Congo, África... etc.) e as regiões sinistradas não podem separar-se do contexto mundial. As referências bíblicas nos oferecem as palavras acertadas para descobrir a magnitude de tanta fome e perseguições. A ordem econômica se define como "atroz" e "complexa". O caráter totalitário do sistema tecnicista, que é a origem dos problemas e que constitui uma ameaça para qualquer alternativa e iniciativa social, até seu desaparecimento ou

---

[19] "Declaración de Accra". Agosto de 2004, p. 5 e 11.

assimilação, não pode ser afrontado sem modificar nossa postura básica diante desse sistema. Sem uma tomada de consciência, no estilo de "Accra", qualquer esforço será inútil.

Disto surge o imperativo da ação. Temos de empreender a luta, "lança" nas mãos. Ellul diz: Temos de intercalar um *elo,* que remonte até a origem do processo, para introduzir novos conhecimentos.[20] Encontramo-nos diante de uma tarefa econômica estrutural, portanto, em vez de apagar algum fogo disperso, montando aqui e acolá alguns "projetos isolados de desenvolvimento", é preciso "começar na origem do problema tecnicista. A introdução destes novos conhecimentos nos permitirá modificar todo o seu processo e organização".[21] Há de reestruturar o mercado corrente (atual) desde a base. Somente pessoas que sabem reunir as "três categorias de trabalho" estão em condições de aportar verdades de fora, *não técnicas,* para a técnica. O objetivo no comércio mundial é: conseguir a purificação de todos os "elos" da cadeia, para depois conectá-los. No trabalho do comércio justo, isto se chama "responsabilidade em cadeia": responsabilidade de parte de toda a cadeia produtiva e comercial para toda a cadeia.

Para isto se requer uma coordenação estreita entre o Sul e o Norte.[22] Isto significa que os mercados não devem se ver como invariáveis. A exploração e a exclusão deverão ser eliminadas através do desenvolvimento de mercados novos, honestos, duradouros

---

[20] Seria um grande erro qualificar a obra de Ellul de catastrófica!

[21] Jacques Ellul, *Le système technicien*, p. 131: "...il faudrait pouvoir remonter à la source du processus technicien pour modifier par l'apport de ces informations Las totalité de la démarche et de l'organisation".

[22] Cf. o relato de Nico Roozen & Frans van der Hoff, *Comercio justo. La historia detrás del café Max Havelaar, los banano Oké y los tejanos Kuyichi,* Amsterdam, 2003 (edición original em holandês, 2001).

e ecologicamente sustentáveis. Não somente em rincões isolados do mundo,[23] mas apelando e convidando as empresas da corrente dominante, que queremos "abordar", visando difundir um espírito empresarial socialmente responsável. Aqui, como em outros muitos lugares da economia mundial, o "sal da terra", trazido pelos que trabalham por uma economia justa, não pode ser senão revigorante (Mt 5,13).

Por mais longe que viva nosso "semelhante afastado", também constitui uma parte muito concreta de nossa rede econômica. Mantemos uma relação econômica com o trabalhador do plantio e o pequeno cultivador de café ou bananas, por afastados que estejam, que repercute em suas existências econômicas: compramos *seu* café, *suas* bananas, *seu gado*. Embora a economia moderna tenha tornado invisível o pequeno produtor, graças ao comércio justo, o camponês algodoeiro e a costureira[24] perderam seu caráter anônimo. Nós os tiramos do anonimato e neutralizamos sua "intercambiabilidade arbitrária" (Dippel),[25] materializando algo do mandamento bíblico de partilhar nosso pão com o faminto e ajudar o próximo em suas primeiras necessidades. Mas não mediante ajuda unilateral, e sim através da execução conjunta do "trabalho da segunda categoria", em benefício da organização honesta

---

[23] Naturalmente, também os "pequenos projetos" independentes, na globalização "a partir de baixo", podem ser de grande valor concreto.

[24] A Fundação Solidariedade coopera com mais de vinte indústrias, produtores de algodão biológico e fabricantes sociais, para um processo de produção não contaminante e honesto, "desde a pá até a prateleira", isto é, em toda a cadeia de produção, desde a semeadura e o cultivo até o produto final para o consumidor, sob o lema de *Encuentre a los productores*. As indústrias compartilham da marca alternativa "Made by".

[25] Cf. nota 40, p. 121.

e transparente da produção, do comércio e do consumo. Nós não desenvolvemos o pobre, dizia o príncipe Claus,[26] ele se desenvolve sozinho, mas neste processo os *ricos* devem respeitá-lo e dar-lhe o seu espaço. Juntos globalizamos partindo de baixo.

Trata-se de "restaurar as ruínas" da metrópole mundial condenada (Is 58,12).[27] "Porque o seu bem será de vocês também."

---

[26] Príncipe consorte da rainha Beatriz da Holanda (1926-2002).

[27] Cf. o capítulo 19.

EPÍLOGO

Um comentário econômico do outro lado do capitalismo

Compreendo que não há para o homem maior felicidade do que alegrar-se e buscar o bem-estar em sua vida. E que toda a pessoa coma e beba e desfrute bem no meio de suas fadigas esse dom de Deus. – **Ecl 3,12-13**

"Pela primeira vez desde sua criação, o homem há de fazer frente a seu problema verdadeiro e constante: como aproveitar a libertação de suas angustiantes preocupações econômicas, como utilizar o tempo livre, que a ciência e os juros compostos lhe proporcionarão, de tal maneira que leve uma existência sabiamente amena e sadia? Os enérgicos *money-makers,* que vão direto a seu objetivo, têm o poder de levar-nos consigo até o seio da abundância econômica. Mas só aqueles povos que são capazes de conservar e cultivar a arte de viver, até alcançar um grau maior de perfeição, sem deixar-se deslumbrar pelo afã do lucro, estarão em condições de desfrutar da abundância quando ela chegar.

Entretanto não creio que exista país ou povo que não tenha receio ante a perspectiva da fase do ócio e da abundância. Temos tido tempo demasiado para nos preparar para a luta, em vez de saborear as amenidades da vida. O homem médio, com dotes regulares, se afasta diante da necessidade de entreter-se consigo mesmo, particularmente se já não tem vínculos com a terra, com os costumes ou usos afetuosos da sociedade tradicional. A julgar pelo comportamento das classes endinheiradas em todas as partes do mundo e por suas conquistas, a perspectiva é da mais deprimente. Porque eles são, por assim dizer, nossa vanguarda – cumprindo o papel de espiões, reconhecendo a terra prometida, para lá montar o acampamento. Além do mais, a maioria deles – com rendas independentes, mas livres de associações, obrigações ou vínculos – falhou estrepitosamente, conforme meu ponto de vista, na solução do problema que lhes foi exposto."

"Creio ter chegado o momento de retomar alguns dos princípios mais sólidos e seguros, ancorados na religião e na virtude tradicional: que a cobiça é uma perversidade; a usura, um crime; e a avareza, detestável; que aqueles que menos se preocupam com o amanhã seguem de maneira mais autêntica os caminhos da virtude e da sabedoria. Vai chegar o dia em que apreciaremos novamente mais os objetivos do que os meios, preferindo o bem ao útil. Prestaremos honra aos que souberem ensinar-nos a acolher a hora e o dia com virtude e bondade, aquela gente tão agradável, capaz de achar um prazer imediato nas coisas, nos lírios do campo, que nem se afadigam, nem fiam."

John Maynard Keynes (1930)

BIBLIOGRAFIA

Alianza Reformada Mundial, "Declaración de Accra", *Alianza por la justicia económica y la vida en la tierra*, agosto de 2004.

Bernard W. Anderson, *The living world of the Old Testament*, Londres, 1968.

Karen Armstrong, *A history of God. From Abraham to the present: the 4000 year quest for God*, Londres, 1993.

Karl Barth, *Erklärung des Philipperbriefes*, Múnich, 1936.

Pablo R. Andiñach, *El libro del Éxodo*, Salamanca, 2006.

Zygmunt Bauman, *Comunidad en busca de seguridad en un mundo hóstil*, Buenos Aires, 2003.

Bíblia:

Biblia de Jerusalén, Bilbao, 1978.

Biblia. Traducción por encargo de la Sociedad Bíblica Neerlandesa, edición 1951, Ámsterdam, 1964.

Biblia. Nueva traducción por encargo de la Sociedad Bíblica Neerlandesa y Fundación Bíblica Católica, 2004, Heerenveen, 2004.

Dios habla hoy. La Biblia. Versión popular, Sociedades Bíblicas Unidas, 1979.

La Santa Biblia, Anigua Versión de Casiodoro de Reina (1569), revisada por Cipriano de Valera (1602), última revisión 1960, Sociedades Bíblicas Unidas, Asunción etc.

Martin Buber & Franz Rosenzweig, *Bücher de Kündung*, Colonia/ Olten, 1966.

Nueva Biblia Española. Edición Latinoamericana, traducida por Luís Alonso Schökel y Juan Mateos, Madrid, 1976.

Tanakh. *A new translation of the Holy Scriptures according to the traditional Hebrew text*, New York, 1988.

A. Biéler, *La pensée économique et sociale de Calvin*, Ginebra, 1961.

A. Kuyper, *Pro Rege*, primer tomo, Kampen, 1911.

Adam Smith, *The wealth of nations*, Everyman"s Library, Londres, 1946, I.

Adolfo Figueroa, *La sociedad sigma. Una teoría del desarrollo económico*, Lima/México, 2003.

André Lascaris, *Uitzicht voor een oude wereld. West-Europa op een keer punt*, Kampen, 1987.

Bartolomé de Las Casas, *Brevíssima relación de la destruición de las Indias*, 1542.

Bob Goudzwaard and Harry de Lange, *Beyond poverty and affluence. Toward an economy of care*, Grand Rapids, 1995.

Catecismo de Heidelberg (1563).

Conferência Nacional dos Bispos do Brasil, *Igreja e problemas da terra*. Documento aprobado por la asamblea de la CNBB, Itaicí, 14 de febrero de 1980.

Dippel, *Verkenning en verwachting. Cultuurkritische opstellen*. La Haya, 1962.

Dooyeweerd, "Grondproblemen van de wijsgerige sociologie", en *Verkenningen in de wijsbegeerte, de sociologie en de rechtsgeschiedenis*, Amsterdam, 1962.

Dooyeweerd, *La idea cristiana del Estado*, ISEDET (Apuntes editados por el Fondo de la Comunidad), Buenos Aires, 1983 (ed. original 1936).

E. F. Schumacher, *Small is beautiful. Economics as if people matters*, Nueva York, 1973.

Emmanuel Lévinas, "Une religion d'adultes", en: *Difficile liberté*, París, 19762.

Emmanuel Lévinas, *L'au-delà du verset*, París, 1982.

F. J. Pop, *Bijbelse woorden en hun geheim*, La Haya, 1972.

F. Weinreb, *Ik die verborgen ben*, Wassenaar, 1974.

Ferdinand Tönnies, *Gemeinschaft und Gesellschaft* (1ª impresión de 1887).

Franz J. Hinkelammert, *Las armas ideológicas de la muerte*, San José, 1977.

George Orwell, *Nineteen eighty-four*, Middelsex, 1976 (edición original 1949).

Gerhard von Rad, *Teología del Antiguo Testamento*, I, Salamanca, 1978 (1969), II, 1973 (1969).

Germaine Greer, *Sex and destiny. The politics of human fertility*, 1984.

Golbery do Couto e Silva, *Geopolítica del Brasil*, Buenos Aires, 1978.

Gustavo Gutiérrez, *Beber en su propio pozo: En el itinerario espiritual de un pueblo*, Lima, 1983.

Henk Tieleman, *In het teken van de economie. Over de wisselwerking van economie en cultuur*, Baarn, 1991.

Ignaz Maybaum, *The face of God after Auschwitz*, Amsterdam, 1965.

Ivan Illich, *Shadow work*, Ciudad del Cabo, 1980.

J. Duncan & M. Derrett, *Law in the New Testament*, Londres, 1970.

J.H. Boeke, *Economie van Indonesië*, Haarlem, 1955.

J.S. Furnivall, "The organisation of consumption", *The Economic Journal*, marzo de 1910.

Jacques Ellul, *La technique ou l'enjeu du siècle*, París, 1954 (*La edad de la técnica*, Barcelona, 1990, 2003).

_____, *Le livre de Jonas*, París, 1952.

_____, *Métamorphose du bourgeois*, París, 1967.

Jacques Ellul, *La ciudad*, Buenos Aires, 1972.

_____, *Le système technicien*, París, 1977.

_____, *L'homme et l'argent*, Lausanne, 1979.

_____, *The politics of God and the politics of man*, Grand Rapids, 1973.

_____, *Apocalipse. Arquitetura em movimento*, São Paulo, 1979.

_____, Trahison de l'Occident, París, 1976; Pau, 2003 (*Traición a Occidente*, Madrid, 1976).

_____, *La raison d'être. Méditation sur l'Ecclésiaste*, París, 1987, p. 24 (La razón de ser. Meditación sobre el Eclesiastés, Barcelona, 1989).

_____, Ce *Dieu injuste...? Théologie chrétienne pour le peuple d'Israel*, París, 1991.

Joachim Jeremias, *Die Gleichnisse Jesu*, Göttingen, 1977.

John Locke, *An essay concerning the true original extent and end of civil government* (1690).

John Maynard Keynes, *"Economic possibilities for our grandchildren"*, en: *Essays in persuasion*, Nueva York, 1963.

José P. Miranda, Marx y la Biblia. *Crítica a la filosofía de la opresión*, Salamanca, 1975.

Juan Friede, *Bartolomé de Las Casas: precursor del anticolonialismo*, México, 1974.

Julio R. Sabanes, *Libres para obedecer. Reflexiones sobre los diez mandamientos*, Buenos Aires, 1979.

Jung Mo Sung, *Teología e economía. Repensando a teologia da libertação e utopias*, Petrópolis, 1994.

Kenneth E. Boulding, *La economía del amor y del temor*, Madrid, 1976.

Leslie Newbigin, *Honest religión for secular man*, Londres, 1966.

Luc. H. Grollenberg, *Nieuwe kijk op het oude boek*, Amsterdam, 1977, p. 49.

Milton Friedman, *Capitalism and freedom*, Chicago, 1962.

Milton Schwantes, "La ciudad y la torre. Un estudio de Génesis 11:1-9", *Cristianismo y Sociedad*, 1981.

New Economics Foundation, *Growth isn't working*, Londres, 2006.

Nico Roozen & Frans van der Hoff, *Comercio justo. La historia detrás del café Max Havelaar, los bananos Oké y los tejanos Kuyichi*, Ámsterdam, 2003 (edición original en holandés: 2001).

Nico Roozen, "A taste of Utz Kapeh", discurso con motivo de la presentación de la iniciativa de café Utz Kapeh, La Haya, 4 de diciembre de 2003.

Pierre Bonnard, *Evangelio según Mateo*, Madrid, 1976.

Pinchas Lapide, *Mit einem Jude die Bibel lesen*, Múnich, 1982.

R.H. Tawney, *Religion and the rise of capitalism*, Harmondsworth, 1977.

René Girard, *La antigua ruta de los hombres perversos*, Barcelona, 1993.

René Girard, *Le bouc émissaire*, Paris, 1982.

René Girard, *Veo a Satán caer como el relámpago*, Barcelona, 2002.

Richard G. Wilkinson, *Poverty and progress*, Londres, 1973.

Richard Sennett, *Respect. The formation of character in an age of inequality*, Nueva York, 2003.

Richard Sennett, *The corrosion of character. The personal consequences of work in the new capitalism*, Nueva York, 1998.

Robert L. Heilbroner, *The wordly philosophers*, Nueva York, 1953.

Rodolfo Haan, *Teología y economía en la era de la globalización: un aporte al diálogo latinoamericano*, Buenos Aires, 2007.

Simon Schama, *The Embarrassment of Riches: an interpretation of Dutch culture in the Golden Age*, Nueva York, 1987.

Solidaridad, *Informes anuales*, www.solidaridad.nl.

Th. J. M. Naastepad, *Acht gelijkenissen uit Matteüs en Lukas. Verklaring van een bijbelgedeelte*, Kampen, sin año.

ÍNDICE DE TEXTOS BÍBLICOS[1]

Gênesis 1...46, 48

Gênesis 1,1–2,4a 33

Gênesis 2,2..29

Gênesis 2,4b-25 33

Gênesis 2,15...119

Gênesis 3...36, 37, 38

Gênesis 3,1...117

Gênesis 4...49, 128

Gênesis 4,1...185

Gênesis 4,5-6 40

Gênesis 4,6..44

Gênesis 4,7..69

*Gênesis 4,8-10..35

Gênesis 4,10...66, 127

*Gênesis 4,11-17 43

Gênesis 4,22..53

Gênesis 9,18-25 53

Gênesis 10,8..53

Gênesis 10,9-12 53

---

[1] As referências com asterisco referem-se aos textos que estão no início dos capítulos.

Gênesis 10,11 66
*Gênesis 11,3-8 51
Gênesis 11,4 .... 56, 78
Gênesis 19,17 67

*Êxodo 1,9-10 109
Êxodo 1,10 114
*Êxodo 1,15-16 109
*Êxodo 16,15-18 115
Êxodo 16,33 121
Êxodo 20,5 118
*Êxodo 20,12 73
Êxodo 20,12 .... 80, 125
*Êxodo 20,17 199
Êxodo 21,15 75
Êxodo 22,25-26 190
Êxodo 23,2 204
Êxodo 23,3 .... 128, 204
Êxodo 33,19 174

Levítico 6,16 188
Levítico 7,6 188
Levítico 18,25 47
Levítico 19,13 179
Levítico 19,15 128
Levítico 19,36 188
Levítico 20,9 80
Levítico 24,9 188
Levítico 25,23-34 188
*Levítico 25,23 109
Levítico 25,23 111

Deuteronômio 1,28 55
Deuteronômio 5,16 80
Deuteronômio 6,4 117
Deuteronômio 6,13-14 118
Deuteronômio 6,15 118
Deuteronômio 9,1 55
Deuteronômio 12,15-16; 23-25 22
Deuteronômio 14,29 190
Deuteronômio 17,16 54
Deuteronômio 21,18-21 75
Deuteronômio 27,14-26 77
Deuteronômio 27,17 112

Rute 4 188

*2 Samuel 23,13-17 17

1 Reis 8 60
1 Reis 9,15 61
1 Reis 9,21 61
1 Reis 9,22ss 62
1 Reis 9,26 60
1 Reis 10,2 61
1 Reis 11,27 61
1 Reis 11,29-39 59

2 Reis 11 125

1 Crônicas 29,15 210

2 Crônicas 1,11-12..125
2 Crônicas 1,11...128
2 Crônicas 10,3...62
2 Crônicas 10,7...63
*2 Crônicas 10,12-16...59
2 Crônicas 12,1...63
2 Crônicas 12,9...63
2 Macabeus 2,4-8...121

Jó 1,9...125
Jó 28,1-11...208
Jó 34,24...204, 211

Salmos 25,14..163
Salmos 88,3..40
Salmos 119...201
Salmos 119,30..155
Salmos 119,36..155, 201
Salmos 119,67..190
Salmos 119,99..155
Salmos 119,104..155
Salmos 119,121..204
*Salmos 127,1-3..83
Salmos 127,2..90
Salmos 127,3..88

Provérbios 10,2...188
Provérbios 14,34...185
Provérbios 22,2...189

Provérbios 24,33-34 189

*Provérbios 30,8-9 123

Provérbios 31 198

*Provérbios 31,10,13-20 187

Provérbios 31,31 188

Eclesiastes 2,20-23 145

Eclesiastes 3,12-13 217

Eclesiastes 3,17 144

*Eclesiastes 4,1 137

Eclesiastes 4,17 172

Eclesiastes 5,1 172

Eclesiastes 5,3 172

Eclesiastes 5,6 172

*Eclesiastes 5,7-8 109

*Eclesiastes 5,7-8 137

Eclesiastes 5,7 151

Eclesiastes 5,8 143

Eclesiastes 5,9 144

Eclesiastes 7,7 ...... 179, 188

*Eclesiastes 8,9-12 137

Eclesiastes 8,9 142

Eclesiastes 8,12 144

Eclesiastes 8,14 144

Eclesiastes 8,17 146

Eclesiastes 9,1 144

Eclesiastes 9,3 144

Eclesiastes 9,12 144

Eclesiastes 9,14-17 208

Eclesiastes 12,11 146

Eclesiastes 12,12 145

*Cântico dos Cânticos 8,11-12 123

Eclesiástico 34,18-19 178

Eclesiástico 34,18 201

Eclesiástico 34,21-22 179

Isaías 5,8 113

Isaías 29,13 182

*Isaías 58,3-12 178

Isaías 58,4 184

Isaías 58,7 .... 183, 185

Isaías 58,11 185

Isaías 58,12 .... 185, 215

Jeremias 22,15-16 185

Jeremias 22,15 197

*Jeremias 29,5-7 199

Jeremias 29,5 210

Jeremias 29,7 ....70, 210

Ezequiel 28,2 52

*Ezequiel 28,11-16.18 27

Ezequiel 28,12-13 101

Ezequiel 28,12 60

Ezequiel 28,14 41

Ezequiel 28,18 33

*Ezequiel 34,1-6; 17-19 148

Ezequiel 34,4 150

Ezequiel 34,8...148

Ezequiel 34,10...149

Ezequiel 34,18-19 129

Ezequiel 34,18...96

Ezequiel 34,21...154

Ezequiel 34,23-24 149

Ezequiel 34,28-29 149

Amós 5,9-11 113

Jonas 1,2 ....66, 132

Jonas 3,1-2 132

Jonas 4,5 ....68, 132

Jonas 4,11 133

Habacuc 2,4...188

Sofonias 2,15...66

Mateus 2,19-21 168

Mateus 4,1-11 117

Mateus 4,10 118

Mateus 5,3 86

Mateus 5,6 93

Mateus 5,13 214

Mateus 6 88

Mateus 6,1-3 189

Mateus 6,11 89

Mateus 6,12 125

Mateus 6,19-21 106

Mateus 6,19 102

Mateus 6,22 107

Mateus 6,24 102

Mateus 6,26 85

*Mateus 6,28-29; 31-33 83

Mateus 6,29 125

Mateus 6,32 174

Mateus 6,33 .... 94, 97

Mateus 8,20 48

Mateus 10,28 46

Mateus 10,37 193

Mateus 11,25 162

*Mateus 13,3-12 157

Mateus 13,11 160

Mateus 13,12 .... 15, 160

Mateus 13,13-17 161

Mateus 13,17 162

Mateus 13,35 161

*Mateus 14,15-16 91

Mateus 14,15 97

Mateus 14,17-21 93

Mateus 15 182

*Mateus 15,1-9 73

Mateus 15,2 97

Mateus 15,3 77

Mateus 15,4 80

Mateus 15,5 80

Mateus 15,20 97

*Mateus 15,32 91

*Mateus 16,5-11 91

Mateus 16,12 98

Mateus 18,6 70

Mateus 19,7 107

Mateus 19,8 24

Mateus 21,33-42 172

Mateus 22,36 117

Mateus 22,37 192

Mateus 22,38 77

Mateus 22,39 76

Mateus 23,35 40,44

Mateus 24,36 167

Mateus 24,44 173

Mateus 24,48 128

Mateus 24,49 ....169, 180

Mateus 25,1-12 104

Mateus 25,1-13 167

Mateus 25,13 167

*Mateus 25,14-21 165

Mateus 25,14 169

Mateus 25,21 ....103, 175

Mateus 25,23 175

Mateus 25,24 172

Mateus 25,25 146

Mateus 25,28 171

Mateus 25,29 159,160

Mateus 25,31-46 ....76, 85,105,131

Mateus 25,35-36 169

Mateus 25,37-39 175

Mateus 25,40 76

Mateus 26,11 86,131

Mateus 26,9 130

Mateus 26,15 130

Marcos 4,11 160

Marcos 4,24 162

Marcos 4,25 160

Marcos 4,34 161

Marcos 6,14-29 98

Marcos 7,31 97

Marcos 8,15 98

Marcos 12,29-30 117

Marcos 12,30 211

Lucas 6,20 105

Lucas 8,16 .... 160, 163

Lucas 8,18 .... 160, 163

Lucas 12,48 160

Lucas 12,57169 169

*Lucas 16,1-9 99

Lucas 16,2 104

Lucas 16,8 102

Lucas 16,9 .... 102, 106

Lucas 16,10-12 .... 106, 107

Lucas 16,10 103

Lucas 16,11 102

Lucas 16,12 102

Lucas 16,14-15 107

Lucas 16,14 103

Lucas 16,17 107

Lucas 16,18 106

*Lucas 17,7-10 165

Lucas 17,9 173

Lucas 17,10 ....174, 175

Lucas 18,25 129

Lucas 18,27 129

Lucas 18,31-34 167

Lucas 19 178

Lucas 19,8 167

Lucas 19,11-27 ....167, 168

Lucas 19,11 167

Lucas 19,12-13 169

Lucas 19,12 169

Lucas 19,15 170

Lucas 19,16 170

Lucas 19,20 171

Lucas 19,26 160

Lucas 19,27 168

Lucas 22,25 143

Lucas 23,34 128,133

João 6,32 121

João 10,15 205

João 16,33 68

Atos dos Apóstolos 3,14 205

Atos dos Apóstolos 3,17 133

Romanos 1,17 189

Romanos 8,22 211

Romanos 9-12,3 173

Romanos 9,15 174

Romanos 9,20-21 174

Romanos 12,1 .... 173, 174

Romanos 12,2 .... 51, 117, 174, 210

Romanos 13 74

*1 Coríntios 1,22-25 199

1 Coríntios 1,23 205

1 Coríntios 4,10 104

2 Coríntios 2,2-3 158

*2 Coríntios 8,14-15 115

2 Coríntios 8,14-15 121

Gálatas 3,11 189

Efésios 6,12 211

Filipenses 2,4 132

Filipenses 2,5 70

Filipenses 3,20 70

*Filipenses 4,12-14,18 123

Filipenses 4,13 130

Filipenses 4,15 130

Filipenses 4,17 130

Colossenses 3,17 117

2 Tessalonicenses 3,8 130

2 Tessalonicenses 3,10 120

2 Tessalonicenses 3,11 120

1 Timóteo 6,10 104

Hebreus 9,4.. 121
Hebreus 10,38.. 189
Hebreus 11,4 .... 44, 46

*Tiago 2,1-5 187
Tiago 2,1 198
Tiago 4,5 119
Tiago 4,15 201
Tiago 4,13-16 209
Tiago 4,16 201
Tiago 5,3 128
Tiago 5,4-6 .... 127, 188

2 Pedro 2,3 .... 127, 155

*1 João 3,11-12.17.. 35
1 João 3,11.. 41
1 João 3,16.. 81
1 João 3,17.. 81
1 João 4,8 .... 76, 185
1 João 4,20 51,76,133

Apocalipse 2,12-17 121
Apocalipse 2,17 115,121
*Apocalipse 18,1-4 65
Apocalipse 18,11 67

Apocalipse 18,22 66

Apocalipse 18,23 127

Apocalipse 18,24 66

*Apocalipse 19,1-2 65

Apocalipse 21,2 61

Apocalipse 21,26 124

SOLIDARIEDADE

A Fundação Ação Intereclesial para a América Latina *Solidariedade* foi fundada no dia 15 de junho de 1976. Sua sede central se encontra em Utrecht. *Solidariedade* é uma atividade conjunta de várias igrejas holandesas. Em sua junta diretora estão representadas a Igreja Católica, a Igreja Protestante na Holanda e algumas igrejas menores, tais como a Igreja Protocatólica, a Igreja Menonita e os Remonstrantes.

Solidariedade tem como objetivo apoiar os esforços de igrejas, grupos e pessoas da América Latina que lutam por seu autodesenvolvimento, para que sejam donos de suas próprias relações com a sociedade circundante. Procura colaborar com comunidades tendentes a mudar as estruturas sociais em que estão envolvidas. Com a introdução do "selo de comércio justo" em 1988, sob o nome de Max Havelaar, as atividades da *Solidariedade* se estenderam até a África e a Ásia.

Condição para uma economia sustentável é uma sociedade aberta e democrática. Em muitos países latino-americanos, o marco social para a economia de mercado está pré-formado e de tal maneira que os operários e operárias não podem organizar-se para demandar um salário que permita viver. Não se respeitam os direitos democráticos e se vê que o governo erra, em consequência da corrupção e falta de efetividade. Nestes casos, os preços de mercado mentem com respeito aos custos verdadeiros.

As relações econômicas levam à exclusão, exploração e destruição do meio ambiente.

Os partidos da *Solidariedade* no Sul ensinaram-nos a importância decisiva da Responsabilidade Social Corporativa (RSC). A pergunta-chave é: As empresas e os consumidores estão dispostos a pagar os verdadeiros custos da produção? Se os produtores – quer se trate de produtores de café, algodão, bananas ou de produtores de cosméticos – não veem o custo da produção sustentável refletido nos preços, nos horários e nas condições de trabalho, não podem ser mais humanos, o trabalho das crianças continuará existindo e não se poderá investir na prevenção da contaminação do meio ambiente. RSC significa introdução dos custos sociais e ambientais na estrutura do preço.

www.solidaridad.nl